人はみな、オンリーワン

だれも幸せになる権利がある

森一弘
Mori Kazuhiro

女子パウロ会

もくじ

第八章 国のこと

装丁・レイアウト／菊地信義

はじめに

1　オンリーワン

この地球上に人類が誕生して以来、数知れない人間が生まれてきたかもしれないが、誰一人同じ人間はいない。みな、それぞれ、能力の有無、社会に役立つ人間か否かとはまったく関係なく、尊い、かけがえのない存在であり、みな、それぞれオンリーワンなのである。

それは、改めて確認してみれば、誰の目にも明らかなことである。

今、ここにAさんがいるとする。そのAさんとまったく同じ人間は、これまでの歴史の中で一人も誕生してきていない。Aさんが誕生したということは、この世界にはかつてなかった、まったく新しい出来事なのである。また、世界に七十億近くの人が存在しているが、Aさんと同じ人間はどこにも存在しない。

さらにまたこの後、どのくらいの人が、誕生してくるか分からないが、Aさんとまったく同じ人間は生まれてこない。

人類はそんな一人ひとりのうえに成り立っている共同体なのだから、一人ひとりは、人類全体にとっても、かけがえのない貴重な存在だということになる。

したがって人間は、番号で呼ばれてそれですまされてよい、という個性のない存在ではない。また役に立たなくなれば、ぽいと捨てられてしまう取り替え可能な部品でもない。

ところが、今、わたしたちが生きている社会を支配している論理は、弱者に厳しい論理である。どこに行っても、弱肉強食の論理が顔を出し、強者が勝ち、弱者は無視され、取り残されていく。組織の世界では、組織に役立つか否かでその価値がはかられ、前者は高く評価され、役に立たない者は、容赦なく切り捨てられていく。

こうした論理・価値観は、職場は無論のこと、教育の現場にも、そしてさらに家族の中にも浸透し、能力のない者やみなの負担になる者は、軽んじられたり、無視されたり片隅に追いやられたりして、生きる希望や喜びを奪われてしまっている。

さらにまた、これに追い打ちをかけるかのように、国や民族という次元での差別、弾圧の壁がある。世界各地で、どのような血筋、言語、文化・伝統、価値観を共有するかによって多くの人々が、選別され、国の壁、民族の壁にはね返されて、難民となり、惨めな人生を余儀なくされてしまっている。

現代世界に求められることは、能力の有無と関係なく、そしてまた国や民族の枠を超えて、人間一人ひとりを敬う心を育て、人間一人ひとりが何よりも尊く価値があるという、人生観・世界観を深めていくことである。

2 優生思想

どんなに重い障害を背負っている人であろうが、そしてまたどんなに周りの人に負担をかけるような病に侵されている人であろうが、人はみな、かけがえのない、尊い存在である。

その正反対の極に立つのが、優生思想である。「役立つ、役立たない」「みなの負担になる、ならない」という視点から人間を評価し、選別して、弱い立場にある人を排除してしまおうとする思想である。

そうした優生思想に基づき、それを実行にうつした人物として有名な一人が、かのヒトラー（一八八九～一九四五年）である。

彼は、「民族の血統を純粋に維持する」という思いに取りつかれ、障害のある人々を「民族の血統を劣化させる劣等分子」と断じ、「生きるに値しないいのち」とかってに決めて隔離し、抹殺するためのシステムをつくり、実行にうつした責任者である。

しかし、それは、過去のものではなかった。現代日本社会にもよみがえり、若い青年の心に入り込み、その心を駆り立て、施設に入院していた十九人の障害者たちのいのちを奪ってしまった。相模原の障害者施設の事件である。

犯人の青年は、措置入院していた際に、自分のうえに「ヒトラーの思想が降りてきた」と妄想し、衆院議長宛ての手紙では「障害者を殺すことができます」などと殺意を告白し、友人・知人たちには「障害者の存在は、国にとっても家族にとっても負担」などと語り、犯行後の取り調べでは、「重度の障害者が生きていくのは不幸。不幸を減らすためにやった」などと語っているという。

しかし、彼だけではない。優生思想は、わたしたちの心の中に知らず知らずのうちに入り込み、何げない、ささいな発言となって表れていることにも注意する必要がある。

重度障害者施設を訪問した際の「彼らは自分が誰だか分からない。生きている意味があるのかね」という元東京都知事の発言や「高齢者は適当な時に死ぬ義務あり」という著名作家の発言、さらには「下流老人は安楽死したほうがよい」という知識人たちの何げない発言には、優生思想につながる毒が含まれている。

人の幸、不幸を第三者が判断すべきではない。人は、みな必死で生きている。思うように自分の意思も伝えられない、思うように歩けない、下の世話も人に頼らなければならない、そういう人々もみな必死になって生きようとしているし、それを必死になって見守る家族もいるのである。そこにけなげに生きようとしているいのちの尊い営みがある。今、競争の激しい社会にあって、わたしたちが育てなければならないものは、けなげに生きようと努めている人々への温かなまなざしである。

3 尊いいのち

「障害者は不幸をつくることしかできない。彼らが生きていくのは不幸。不幸を減らすためにやった。」これは、障害者施設で暮らしていた障害者たちを殺傷した青年が周りに漏らしていた言葉である。

事件を起こした青年が思い描いていた幸せは、「健康で、仕事があり、それなりの収入があり、住む家もあり、周りの人に負担をかけず生きていける。また自分の望むときに、望む場所で、好きなものを飲み食いしたり、好きな仲間と遊んだり楽しんだり、旅行したりできる者、人になにかと迷惑や負担をかけない者」が享受できる幸せである。

そのような幸せは、生まれたときからの障害者や認知症などに悩まされる高齢者には手の届かない幸せである。

確かに、わたしたちの周りには、職につけない、収入もおぼつかない、外出もままならない、何を食べるかさえ自分で選べず、準備されたものを食べるしかない、また排泄《はいせつ》も入浴も人の助けを借りなければならない人もいる。

そのような人々の心の内は、必ずしも穏やかではない。思うように生きることができないことに対するいらだちや健常者たちに対する嫉妬、それに周りの人の迷惑、重荷になってしまっているという負い目や、生きていてもしかたない、早く死にたいという願望などなど、さまざまな負の感情に乱される。しかし、そういう負の感情は簡単に払拭できるものではない。

恵まれない人々が抱える闇は深く、その人々の人生は、一般の人が思い描く幸せのものさしで計れば、不幸な人生ということになるかもしれない。

しかし、それでも人の「幸、不幸」は、第三者が決めるべきではない。何を幸福とするか、そのものさしは人によって異なるからであり、またどんなに深い闇の中にあっても、人は、いのちのあるかぎり、それなりの幸せを見いだすことができるからである。

「幸せ」の奥は深い。どんなに深い闇の中にあっても、人は、幸せを見いだすことができるものなのである。周りの人のちょっとした笑顔、ちょっとした小さな道端に咲く花の美しさや窓から差し込んでくる日の光に感動したりすることができる。つまり、人は、生きているかぎり、自分が生きていることの不思議さに目覚め、周りの優しさと出会い、生かされている喜びに浸り味わうことができるということである。

それはモノに満たされる幸せとは異なる次元の幸せである。そんな幸せに目覚めることができれば、つらい日々の渦中にあっても、自らを支え、生きていく喜びと希望をくみ取ることができるものである。自分のものさしで計って「あの人は不幸」と決めつけてしまうことは、「いのち」の奥深さを知らない者の思い上がり以外の何ものでもない。

第一章

幸せになる権利のこと

1　幸福願望

幸せになりたい。それは、わたしたちが生きていくための原動力、そして明日への希望を育む原動力になっているといっても、過言ではない。

新年にあたって、わたしたち日本人が、神社に行って「家内安全、商売繁盛、良縁、受験の合格」などを祈願するのも、「今年こそ幸せになりたい」という思いからである。またカップルたちが夫婦としての誓いを交わすのも、幸せな家庭を築くことを夢見てのことである。さらにまた、親たちが、労苦をいとわず日々頑張るのも、自分たちはともかく、子どもたちだけは幸せにしてあげたい、という願望からといえる。

しかし、何を幸せとするかは、人によってさまざまである。ある人にとってはグルメを楽しむとき、ある人にとっては仕事に成功したとき、病人にとっては健康が回復したとき、ある人にとっては好きな人と結ばれたとき、ある人にとっては家族とともに元旦を迎えられたとき、ある人にとっては人に感謝されたときなど、さまざまである。

いずれにしろ、それぞれ望み求めているものがかなえられたとき、人は幸せ感につつまれ、生きている喜びを味わう。

ところが、人間は複雑な存在である。一人の人間の中に、実にさまざまな願望・欲求がある。より根源的な願望もあれば、それほど重みのない、軽い欲求もある。一つの欲求がかなえられても、自分にとってより根源的な欲求が満たされないときには、むなしさ、不安が心の奥に顔を出し、心の底から幸せ感に浸ることがゆるされない。

その辺の問題点を指摘したのが、フロイトである。彼は、さまざまな人との面接から、たとえ経済的に豊かで、社会的な地位に恵まれていても、必ずしも幸せではない、それどころか、むなしさや不安にさいなまれ、心身のバランスを失ったり、精神的に病んでしまったりしている者が少なくないという現実を知って、人間にとって根源的な願望が満たされることの重要性に気がついていったのである。

こうして彼は、「人間存在の核」ともなる「自我」の飢え渇きが満たされるときの幸福感と、表面的な欲望の充足による幸せ感との違いを明らかにし、人間の深層にある根源的な願望に注目する深層心理学への道を開いたのである。

「自我の飢え渇き」とは、わたしなりに表現すれば、交わりへの飢え渇きである。人間に心の底からの幸せ感を与えるものは、心と心が響き合う交わりなのである。心と心が触れ合うことによって与えられる幸せこそ、人間の究極の幸せである。その願望が満たされなければ、人は、どんなに豊かにモノに恵まれても、その人生は幸せではない。

人生は、心が響き合う出会いがもたらす喜び、幸せを求め続ける旅なのである。

2　究極の幸せ

わたしたち人間が、「自分は幸せだ」と感じるときは、人によってさまざまである。まずは、周りが自分に好意的で優しくほほえんでくれるような状況につつまれたときである。たとえば、朝、目覚めたとき、「今日は体の調子がすこぶるいい」「夫あるいは妻の機嫌がいい」「子どもたちが元気で仲がいい」「空が爽やかで、気持ちがいい」「今日は休暇で仕事にでなくてよい」「嫌な客に会わなくてもすむ」などなどから始まって、「かわいい孫の顔を見ることができる」「家族そろって一緒に正月を迎える」などである。いずれも、周りが、自分が思い願っているような状況に恵まれたときである。

周りが、自分に好意的でほほえんでくれることによって味わえる幸せを、状況価値という。周りの状況に左右されるからである。したがって、この幸せは、長続きしない。というのは、周りの状況は、時々刻々、変わるものだからである。人も変われば、気候も変わり、社会も変わる。つかんだと思った瞬間、手からするりと滑り落ちてしまうのである。

さらにまた、わたしたち人間は、決して世界の中心ではない。家族の中の一人、みんなの中の一人である。自分の望みを抑え、我慢しなければ、人は一緒に生きていけない。そうなると力の強い者の望みどおりの生活になってしまう。したがって、自分が中心になり、周りがほほえんでくれる幸せを、あたかも幸せのすべてだと思い込んで、追い求め続けたり、いつまでもそれにしがみついたりすることは、むなしいことである。

貧しくてもよい、孤独でもよい、これだけはやり遂げたいと、目的意識に目覚めた人が、見事目的を達成したときの幸せがある。芸術の世界、スポーツの世界、研究の世界などがそれである。それが目指す世界を極めるために、遊びたい、おいしいものを食べたい、旅行にいきたいなどの欲求を抑え、刻々、精進の日々である。しかし、見事、目的を達成したときの喜び、幸せ感は格別である。

この幸せは、目的価値ともいえる。それは、能力に恵まれた者しか、味わうことができない幸せである。

しかし、それだけが、幸せのすべてではない。感謝されたりしたときの喜び、幸せもある。

たとえば、苦労し、苦労して育てた我が子が、良きパートナーを見つけて結婚し、その披露宴会場の最後の場面で、「自分たちの今日の幸せは、お父さん、お母さんのおかげです」と感謝の言葉を受けたときの、両親の幸せである。我が子の幸せな姿を見ることほど、親にとって幸せなことはない。そのときは、それまでの苦労がすっかり消えてしまう。

人間としての究極の幸せは、自分のためではなく、自分のことを忘れてでも、大切な人の喜ぶ姿を見ることにある。

3　民主国家の主人公

国家の基本的な役割が、国民一人ひとりの幸せへの奉仕にあることを、改めて強調したい。その役割を果たしていくことが、それほど簡単なことではないことを認めつつも、あまねく社会の営みを見渡すとき、国家の名で、国民に我慢が強いられ、不幸な生活を余儀なくされてしまっているケースが、多々見られるからである。

国は国民一人ひとりの幸せのためであることは、民主国家の憲法をのぞいてみれば明らかである。ちなみに、民主国家のモデルとも言われるアメリカの独立宣言には、次のように記されている。

「我々は、以下の事実を自明のことと信じる。すなわち、すべての人間は生まれながらにして平等であり、その創造主によって、生命、自由、および幸福の追求を含む不可侵の権利を与えられているということ。こうした権利を確保するために、人々の間に政府が樹立され、政府は統治される者の合意に基づいて正当な権

力を得る。」（在日米国大使館訳。傍点、筆者）

実に、民主国家の主人公は、国民である。国民一人ひとりが、自分たちの幸せの成就を願って、代表者を選んで議会におくり、政策を決め、その実行を国の責任者たちに委ねる。そんな仕組みになっている。その仕組みにそって、責任者は、過半数の賛同者に支えられ、政策を決め、具体化し、多数者が求める幸せにこたえていくのである。その点では、誰にも文句の言いようがない。多数決で物事を決定して社会を動かしていくことは、民主主義的な社会にあっては、最も基本的なルールだからである。

しかし、そこに落とし穴がある。もし、そこで少数者への配慮を欠いてしまうと、少数者に我慢を強い、重い荷を負わせることになってしまう。民主的な社会にあっても、幸せになれず、むしろ、国家の名において不幸な生活に追いやられてしまっている者が少なくないのは、そのためである。

事実、民主主義が浸透した日本社会にあっても、国家の繁栄とか多数者の利益・幸せが優先されて、少数者に犠牲が強いられてしまっているケースが、あちらこちらに見られる。その最たる例が、米軍基地の七十パーセント以上を押しつけられた沖縄である。

少数者への配慮を欠いた過半数による決定は、少数者の幸せになりたいという人間としての基本的な権利を奪ってしまう暴力にもなりかねないのである。そうなると人間一人ひとりの基本的な権利のうえにたつ憲法にも抵触してしまうことになる。

民主的社会の成熟のために求められるものは、人間一人ひとりに幸せになる権利があるという基本に配慮し、少数者の声にも耳を傾け、互いに譲り合って社会を育てていこうというバランス感覚と寛容である。

4　幸福度ランキング

国別の国民の幸福度についての調査は、幾つかある。ここで詳しく紹介したいのは、二〇〇六年のイギリスのレスター大学の教授エードリアン・ホワイトを中心にし、八万人を対象に行った聞き取り調査やユネスコ国際連合教育科学文化機関やＷＨＯ（世界保険機構）の報告書などを参考にして、分析され、まとめられたものである。

対象となった一七八か国のうち、幸福度ランキングのトップは、デンマーク、その後に、スイス、オーストリア、アイスランド、と続く。アメリカは23位、ドイツは35位、イギリスは41位、フランスは62位、日本は、なんと90位である。

この調査結果を見てわたしが驚いたことは、わたしたちの常識に反して、経済力が幸福度の決定的な要因になっていないことである。比較的経済力が高く、先進国と見られているアメリカ、フランス、イギリス、日本などの幸福度は、低いのである。

日本を含めて、経済的に豊かな先進国の社会に深く浸透しているシステムは、アメリカ型資本主義経済のシステムである。それは、基本的には自己責任の論理のうえに立つ。自己責任を原則として、幸福な人生を歩むかどうかは、個人の自己決定・努力に委ねてしまうシステムである。

自己責任の論理が優先されれば、当然のように競争は激化する。勝ち組と負け組が鮮明になる。能力に恵まれた者や経済的に豊かな者は、ますます豊かになり、貧しい者はますます貧しくなっていく。貧富の格差、教育格差は、拡大する。そんな社会では、人は負け組にならないために、我が身を戦闘状態のような状態に置くことになる。

日本の幸福度がアメリカやイギリス、フランスなどより低いのは、さらに人口密度に原因があると指摘される。人口密度の高い社会で人が競争にしのぎを削るようになれば、それだけ緊張が高まり、心から安らぐことができなくなるからである。

実に日本では、「孤独を感じる」と答えた人の割合は、三十パーセント近くになり、ランキングのトップ。また「仕事と家庭の調和」にまったく満足していないと答えた割合が十六パーセントで、これもまた一位。また先進国の中では自殺率もトップクラスなのである。

人生には、病があり、老いがあり、思いがけない事故があり災害がある。人生は、誰にとっても容易なものではない。そんな難しい現実を自己責任という論理で、一人で向き合い、乗り切っていくことは、至難の業である。限界がある。

幸福度の高い国々の人々を支えている論理は、共同責任の論理である。互いに助け合い支え合わなければならないという価値観を育み、その価値観のもとに国を構築してきているのである。これからの日本社会に求められるものは、共生という旗である。その旗の下で国をあげて福祉やセーフティー・ネットの充実を図っていくことである。

5　弱者

デンマークを始めとする北欧諸国の人々の幸福感が高いのは、資本主義システムを土台にしながら、アメリカなどとは異なる哲学・人生観を、人々が共有し育ててきているからである。

北欧諸国が、七十年代初めから「胎児から墓場まで社会福祉」のスローガンを掲げて社会福祉の充実を図ろうとしてきたことは、周知の事実である。

子どもの教育費、医療費の無料化、社会保障費などの公的な金は、ほとんど国が面倒を見るということになっている。出産費用はすべて無料。産休、育児休暇は両親で四百五十日もとることができる。その間の給料も心配ない。給料の八十パーセントが支払われる。

子どもには十六歳になるまで一人当たり、毎年十九万円の児童手当が支給される。義務教育中の学費はすべて無料。義務教育を終えても、高校や大学は、国、公立なら学費は無料。さらに教科書、文房具など学校で使われるものはすべて無料。病気になっても心配無用。どんなに治療しても年間一万三千五百円以下ですむ。

また高齢者施設や身体障害者のための施設や認知症の高齢者たちが入居できるグループホームなどの施設も、公費で支えられ、さらに入居者一人に対する介護職員は、一・八人から二人の割合になっており、介護にはゆとりがあり、高齢者や障害者のテンポに合わせて行われるようになっている。

高い税金を取られるが、しかし、手元に残る金はすべて、自分の個人的な生活に使える。一般市民の多くがセカンドハウスを持ち、週末や休暇をゆったりと過ごすことができるのも、そのためである。

国民は高い税金を国に収める代わりに、国家が、国民の生命を守り、その人生を支えるのである。人々は日本のように取り残されることへの不安におびえなくてもすむ。

そうした国々に生きる人々は、時間をかけて連帯感を育ててきたからにちがいないのである。ちなみに、幸福度ランキングの2位のスイスの憲法は、その序文で、わたしたち日本人には欠けた価値観を明言している。注目すべき価値観である。

「前文。スイス国民および州は、（中略）相互に配慮し、尊重しつつ統一の中の多様性の下に生きる意思を有し、共同の成果および将来世代に対する責任を自覚し、自由を行使する者のみが自由であるということおよび国民の強さは弱者の幸福によって測られるということを確信し、次のとおり、憲法を制定する。」（一九九九年四月十八日）

「国民の強さは弱者の幸福によって測られる。」これはわたしたち日本人が学ばなければならない価値観、世界観である。

6　人とのつながり

もう一つの世界各国の幸福度を測った調査がある。六十八か国を対象とした米国の世論調査会社ギャラップ・インターナショナルとＷＩＮ（Worldwide Independent Network of Market Research）の共同調査である。先に紹介したものより規模が小さいが、別の視点から見た調査である。二〇一五年度に発表されたものである。

その調査によると、幸福度のトップの国が、コロンビア、2位が、フィジー、3位がサウジアラビアとなっていて、実にＧＤＰでは比較的ランクの低い国々が、幸福度ランキングの上位を占め、ＧＤＰを誇る経済先進国の幸福度は、軒並み低くなっているのである。ちなみに日本は、28位であった。

幸福度ランキングが高い国々に共通するものは、人と人とのつながりが密で、いざとなったら人に頼ることができる、という安心感が、幸福度につながっているように思われる。

それとは対照的に幸福度の低い国々に共通するものは、社会の隅々まで資本主義の論理が浸透し、人と人とのつながりが希薄になって、人に頼ることが難しくなってしまっている国々である。アメリカ型資本主義をその根っこで支えているものは、自由競争、能力主義そして自己責任の論理である。その論理には「能力のない者は、切り捨てられていく」という冷酷さが潜んでいる。当然のように勝ち組、負け組が明確になり、格差は拡大する。

現代日本社会をむしばんでいる病理は、まさにそこにある。いたるところで、人と人とのつながりがぼろぼろにされてしまっているのである。

人の真の喜び、生きてきてよかったという感動は、人に触れ、人とともに生きることによって生まれてくるものである。ところが、今の日本社会ではそれが難しくなってしまっているのである。

過疎化と高齢化が同時に進んだ農村は、一昔まえのように互いに寄り合い語り合うことは、できにくくなってしまった。また、人が集まる都会では、それぞれみな忙しく、隣同士であっても互いに声をかけ合うことさえ、まれになってしまった。実に都会のマンション生活などでは、隣人がどんな人かも分からない、というのが現実である。

実に、日本人の五人に一人がうつに陥ったり、毎年三万人前後の人が自らいのちを絶ってしまったり、孤独死が増加していたりするのは、そのためである。

これからの日本は、人の幸せは、経済的な豊かさではなく、人との触れ合いによってもたらされるものであるという、原点に立ち戻る必要がある。

第二章

家族のこと

1　温かなもの

人の飢え渇きはさまざまである。「水が欲しい、パンが欲しい、家が欲しい、友だちが欲しい、異性が欲しい、仕事が欲しい」などなど。その中には、その飢え渇きが満たされなければ、生きていけなくなるという基本的な飢え渇きがある。「水、糧、住まい……」が、それである。その点では、身体的な存在としての人間は、野生の動物たちと同じである。

しかし、人間は心を持った存在である。心を持った人間としての飢え渇きがある。それは、「柔らかで棘《とげ》のない温かなものにつつまれたいという飢え渇き」「かけがえのない存在として肯定されたいという飢え渇き」そして「心に触れたい、交わりたい」というものである。その飢え渇きが満たされないときは、どんなに物質的に豊かに満たされてもその心は空洞で、その生涯は寂しい孤独のままに終わってしまう。

柔らかで温かな心につつまれ、かけがえのない存在として大事にされることは、心を持った人間が生きていくうえでの土台であり、それはまた支えとなり喜びともなる。

その最初の出会いは、母親の子宮の中にある。子宮の中は、柔らかで温かである。棘もない。そこでは子どもは、小さなプリンスのように、かけがえのない存在として大事にされ、幸せである。少しの不安もない、真の安らぎを享受する。

しかし、子宮の中にあっても緊張を余儀なくされることもある。母親自身が、パートナーなどから暴力を振るわれたりしておびえてしまっている場合である。その不安とおびえは胎内の子どもにも伝わってしまう。

また誕生した後、両親が憎み合い、家族の間に汚い言葉や暴力が飛び交っていたり、父親の性欲のはけ口になったりしてしまえば、どこに身を委ねてよいか、不安におびえることになる。また、我が身を守るため、子どもによっては自らを守るために固く心を閉ざしてしまう者もいれば、怒りをため込んで、思春期を迎えるころに、その怒りを爆発させてしまう者もいる。またその人生は、緊張と不安を抱えたままの人生になる。

この世界は、荒野のようである。いたるところにいばらとあざみが生えている。根源的な飢え渇きに逆らう厳しさが人を待ち構えている。そんな過酷な荒野を、わたしたち人間は、緊張し神経をとがらせ、満身創痍《まんしんそうい》になりながら、柔らかで棘《とげ》のない温かな他者との出会いを求めて歩み続けている旅人なのである。

過酷な現実の旅の途上で、柔らかで棘のない温かな心の持ち主に出会い、その温かさにつつまれる者は、幸いである。

2　交わり

「棘がなく、温かく柔らかなものにつつまれたい」という人間の根源的な飢え渇きにこたえる場は、まずは家族である。家族は、緊張することなく、人がありのままをさらけ出すことができる唯一の場である。

一昔まえは、男はひとたび外に出れば、七人の敵ありと言われてきたが、今や女性も子どもたちも、鎧《よろい》かぶとをまとって外に出なければならない時代になってしまった。外の世界は人間の根源的な飢え渇きにこたえてくれるような場ではないからである。

子どもたちも例外ではない。たとえば、学校。そこも今や心からくつろげる場ではなくなってしまった。授業はカリキュラムにそって進み、大半の子どもたちが、その授業についていくのに必死である。どの子も重いプレッシャーにさらされている。授業についていけず、成績が下がれば、直ちに落ちこぼれ、負け組の一人になってしまう。実に、子どもたちも、人生の早い時期から負け組、勝ち組に判別されてしまうことになる。

さらにそのうえ、親しい仲間同士とともにいても、油断がならない。風向きが変われば、自分がいじめの対象になってしまうおそれがあるからである。悲しいことに、子どもたちは、周りの顔色をうかがい、神経を張り詰めながら生きている。

親たちも同じである。家の外には、人を差別し判別するさまざまなものさしが生きている。まずは出自、家柄、学歴、財力、地位、役職などなどのものさしである。恵まれた者はのびのびと生きることができるが、そうでない者は、気を遣い、肩をすぼめて、小さくなって生きることになる。

また職場には「仕事ができる、できない」のものさしがある。無能な者や職場に迷惑をかける者は、軽んじられ、片隅に追いやられ、やがては窓際に押しやられ、見捨てられていくことになる。

さらにまた、営業に回された者やサービス業に携わる人たちは、客との対応に神経をすり減らす。客の要望にこたえられなかったり、そのプライドを傷つけたりするようなことにでもなれば、クレームの嵐に見舞われ、心身がずたずたになる。

現代人は、実に大人も子どもも神経をすり減らしながら、生きている。そんな現代人が、心身の鎧《よろい》かぶとを脱ぎ捨てて、ありのままの自分をさらけ出し、くつろぐことができる場は、ただ一つ、家庭、家族の中だけである。現代人を守る最後の砦《とりで》は、今や家族、家庭といっても過言ではないだろう。温かで棘《とげ》のない家族の交わりである。

しかし、今や家族も本来の力を失いつつある。家族の危機は人間の危機につながる。今、家族に求められるものは、それぞれの人間が、ありのままをさらけ出しても、それをつつみ込める、温かな受容能力を高めることである。

3　親子

「家庭とは、第一次福祉共同体である」と、唱える人がいる。これは、記憶に定かではないが、バブル経済が破綻した一九九〇年代の終わりごろ、福祉関係の専門雑誌に掲載されていた論文の中に見つけた言葉である。

それは、病院や施設への国の財政的な負担を軽減するために、障害者や高齢者や入院患者などは、できるかぎり、家庭に戻し、家庭で世話や介護をするようにという方針を選択した厚生労働省の意をくんだ学者が唱えたものである。

「家庭とは第一次福祉共同体である」という定義は、第二次福祉共同体を理解すれば、その言わんとするところは、ある程度までは共感できるものである。

たとえば、麻薬に溺れていたり暴力を振るったりする両親のもとでは、幼児のいのちは守れないとなれば、行政は、幼児を両親から離し、乳児園などに預けて、そこで守り育ててもらう。また、海外の支店に転勤を命じられた息子夫婦が、やむを得ず、年老いた両親を介護施設に預けなければならないときがある。そんなとき乳児園や介護施設は、家族を補う意味での、第二次福祉共同体ということになる。

福祉施設の存在は貴重である。しかし、そうだからといって、家庭を福祉共同体という枠組みで、安易にくくってしまうことは、危険である。というのは、家族は、次から次へと入所してくる人間を受け入れていく福祉施設とは違って、それぞれかけがえのない存在として結ばれた得がたい共同体であり、家族の間のかかわりは、決してその他大勢の中の一人というようなかかわりではない。家族の中では、人は互いに、福祉共同体というレベルをはるかに超えた次元で、結ばれている。

家族の原点は、死が二人を分かつまで人生をともにしようと決断したカップルの誓いにある。その誓いのもとにカップルは、その魂の奥まで開いて互いに与え合い、喜びも悲しみも分かち合いながら歩むパートナーとして結ばれる。ときには、過酷な人生を生き抜くための戦友ともなる。

またいのちを与えた、与えられたという土台の上に結ばれた親子のかかわりは、どのような人と人との結びつきよりも強固である。親の存在は子の心に、子の存在は親の心の中に深く刻まれ、親は子を、子は親を生涯忘れることはできない。

その強さは、施設に入所してくる人と人とのかかわりの比ではない。

実に家族は、単に支え合うためだけの福祉共同体ではない。家族のつながりは、それぞれに生きる意味を与え、それぞれの孤独を埋め、生きていくための励みになっている。人の一生にとってかけがえのないものである。核家族化し、家族力を弱めてしまっている日本社会にあって、改めて家族の重要性を確認していくことが肝要である。

4 仮面

社会の中では、人はみな、仮面をつけながら生きている。「教師としての仮面」「警察官としての仮面」「医者としての仮面」「営業マンとしての仮面」「店員としての仮面」「駅員としての仮面」など役割を示す仮面である。

また、「良い医者」「良い警察官」「良い看護師」「良い店員」などなどと周りの人々から高く評価される人は、個人的な感情は極力抑え、つけている仮面に期待される応対や仕事ができる人である。そうできる人が、プロとして評価される。

しかし、それは、社会の中でのことである。家の中に戻っても、それまで社会の中でつけていた仮面を外すことができず、外でつけていた仮面のままに振舞ってしまうと、家庭の中が堅苦しくなり、注意しないと、子どもたちの心が萎縮したり窒息したりしてしまうおそれがある。

父親が、社会人として、必死に自らを律し、期待されている役割を完璧に果たそうと努める。それは当然なことである。そうしなければ、社会の中では認められず、役に立たない人間というレッテルを貼られ、片隅に追いやられていくだけだからである。

ところが、家庭とは、それぞれが人間としてのありのままの姿をさらけ出すことがゆるされる唯一の場である。たとえ、父親であったとしても、妻や子どもたちの前で、自分の弱さをさらけ出して幼児のように振る舞ったり、社会でのつらさやストレスを吐き出したりすることがゆるされる場であるはずである。

教師として、医者として、弁護士として、警察官として、部長として優れた指導者、管理者として尊敬されている父親が、家の中でもそれまでつけていた仮面のままに振る舞うことになると、本人も救われないし、家庭の中も重苦しくなる。

特に、繊細でまだ自己が確立していない子どもたちの心に、深刻な影響を及ぼしてしまうおそれがある。母親はそれなりに理解し、それなりに距離をおいて、そんな夫とつき合うことはできるだろうが、まだまだ未成熟な子どもは、そうはいかない。子どもたちは、そんな父親の前で緊張し、ありのままの感情を表に出せなくなる。なかには、その心が完全に窒息までしてしまう者もいるかもしれない。

家の中では、仮面を外すべきである。人間としての素《もと》の姿に戻るべきである。

父親も、笑う、しゃべる、楽しむ、遊ぶ、喜ぶ、怒る、泣く、悲しむなどなど、人間としてのありのままの心をさらけ出すべきである。そんな父親を見て、ほっとするのは子どもである、情緒豊かな子どもとして成長していく。また、本人も、社会でのストレスやプレッシャーから癒やされていく。家族の中で、仮面を外し、何よりも素のままの人間であることが、優先されるべきである。

5　大事業としての結婚

生まれも育ちも違う二人の男女が、死が二人を分かつまで、ともに歩み続けることは、容易なことではない。それは、わたしには、高層ビルやスカイツリーを建てるよりもさらに大変な労力を必要とする大事業といっても、過言ではないと思われる。

ところが、残念なことに、その大事業を最後まで貫くこともできないカップルが、今の日本社会では確実に増えている。実に、統計的には、結ばれた夫婦の三組に一組が離婚するようになってしまっている、と言われている。

その点で、教会の世界も例外ではない。信者だから、夫婦仲が円満というわけではない。なかには、夫婦仲がぎくしゃくし、「別れる、別れない」の瀬戸際まで追い詰められ、悩みもがいて教会の扉をたたいて相談に訪れる者も、増えている。また離婚に踏み切ってしまう信者も珍しくはなくなった。

結ばれるまえは、互いに胸をときめかせ、時を惜しむかのように互いに求め合っていた二人が、しかし、二十四時間、生活をともにすることによって、簡単には取り去ることができない厚く重い壁に直面する。それまでにはっきりと見えなかった互いの違いがはっきりと見えてくるようになるからである。

どんなところで生まれ、どんな家族の中で育ち、どのような教育を受けてきたかによる違いもあれば、男として女としての思考回路の違い、何を大事にするか価値基準の違いなどである。それに、それぞれの人格的な未熟さ、身がってさ、わがままなども加わってくる。

そんな違いが、言葉づかい、子育て、部屋の片づけ方や、家事などへの協力のしかた、連絡なしの遅い帰宅、お金の使い方などなどの日常のささいなことの中にあらわれて、それが原因となって諍いになる。そんなわずかな食い違いと諍いが積み重なると、徐々に互いの存在が鬱陶《うっとう》しくなり、不満、怒り、不信などが芽生え、相手に対する心も自ずと閉じて、会話も少なくなっていく。相手に対する嫌悪感に覆われて、顔を見るのも嫌という状態にまでなってしまう夫婦もいる。そんなとき力ずくで相手を自分の思うままに従わせようとしてしまうと、二人の関係は主従・上下の関係になってしまう。力の論理が主流になってしまうと、信頼感は完全に消える。

その壁を突き破っていかなければ、夫婦としての大事業は完成しない。そのためのこつは、互いに避けたり逃げたりせずに、早い時期から話し合うための時間をつくるよう工夫し、それぞれの思いを直接伝え合い、相手に対する理解を深めていくよう努めることである。大事業は、そんな小さな工夫と努力、そして忍耐のうえに完成する。

第三章

咲ける花と咲けない花のこと

1　固い岩地

『置かれた場所で咲きなさい』（渡辺和子著、幻冬舎）がベストセラーになったが、しかし、わたしのもとに訪ねてくる人の多くは、「置かれた場所で、咲くことができない」人々である。置かれた場所が岩だらけで根を下ろすことができず心が枯れてしまう人や、置かれた場所が沼地のようで、自分らしさを奪われてしまう人たちである。

　具体的な例をあげれば切りがない。幼いときから、父親に性的いたずらをされ続けていたB子さんや、エリート主義の両親のもとで育てられ、幼いころから塾や稽古事に駆り立てられて心が窒息し、高校生になったころから、そんな家が耐えられなくなって援助交際に走ってしまったC子さんなどが置かれていた場は、明らかに不毛の大地である。

　また小学生のころから摂食障害になってやせ細り、学校ではいじめられ、幾たびとなくリストカットなどを繰り返しながら生きてきた二十代の女性E子さんや、気に食わないことがあると、妻や子どもたちに暴力を振るう父親に反抗し、家を飛び出して暴力団に仲間入りし事件に巻き込まれて補導され、少年院に送られてしまったD君などが置かれた場は、固い岩地である。

若い人たちだけではない。大人も同じである。製薬会社の営業マンとして厳しいノルマが課せられ、ノルマに達しないときは、みなの前で年下の上司に役立たずとどなられたりして、心身を消耗させながら、しかし、家族のためそして休むこともできず、通院と投薬でかろうじて自分を支えながら職場に通うFさんの置かれた場は、見渡すかぎり岩だらけの、荒野のような世界である。

置かれた場で花を咲かすことは、容易なことではない。逃げず、現実に耐えながら、そこに根を下ろし、自らを育てていくことができる人は、恵まれた人であり、賞賛に値する。

しかし、すべての人が、タフで、そのような環境と能力に恵まれているとはかぎらない。どこにも行き場がなく、無理にそこにとどまろうとしたりしたために、心を壊し、心身ともにバランスを崩し、そのまま人生を失ってしまう人も少なくない。体を壊してまでとどまっていては、元も子もない。逃げるが勝ちということわざもある。

自分の限界を見極め、自分には荷が重い、耐えられないと感じるときは、誰かに相談し、ほっとできる道、別に生きることができる世界を探し求めていくことも、悪いことではない。一つの価値観、枠の中に自分の人生を閉じ込めすぎないことである。花の咲かせ方もさまざまである。事実また別に生きる世界を見いだして、見事な花を咲かせた人々も少なくない。

2　有効な耕耘機

多くの男女が、幸せへの夢を抱いて、親元を離れ、花嫁、花婿としてきれいに着飾り、周りの人々に祝福されながら、胸を膨らませ、一歩を踏み出す。しかし、現実は甘くない。そこで、夢が破れ、花を咲かせるどころか、心は枯れて、生きる喜びまで失ってしまう人もいる。

数年まえのことである。ある地方教会の女性の会主催で企画された研修会に講師として招かれたことがある。テーマは、「家庭、家族」だった。

そこで、話のきっかけとして、わたしは、もう一度、人生をやり直せることができたとしたら、今の夫をもう一度パートナーとして選ぶかどうか、参加者に尋ねてみたことがある。大半が四十代以上の女性たちだったが、別の人を選ぶと答えた者が、実に半数を超えていた。今のパートナーを選ぶと答えた者は、わずか三十パーセントちょっとだった。

肯定的な人たちの理由は、今の相手が、一に、優しいから、二に、自分を大事にしてくれるから、そして三に、経済力であった。反対に、もうこりごりという理由のトップは、暴力を振るう、自分かって、家のことを顧みない、二に、自分をばかにする、頼りない、三に、かい性がない、お金にルーズ、などであった。

心優しく、自分を大事にしてくれる相手には、警戒心は消え、心も体もすべてを開いて、相手の中に飛び込んでいくことができる。一切の警戒心を持たずに互いの心が絡み合い交わる、それこそ人間にとって最高の喜びであり、憩いとなる。

しかし、相手が身がってで、暴力を振るう、となるとそうはいかない。心身は傷つき、心は固くなって、閉じていく。なかには、うつになったり怒りをため込んだりしたまま、喜びと安らぎのないままに人生を終えてしまう人もいる。

相手の人柄や性格が明らかに異常で、その暴力も尋常でなければ、一人で悩まず、身近な信頼できる人に相談し、早々と離れたほうが、賢明である。

しかし、それほどでなければ、互いの善意を信じて、秋の収穫を目指して田畑に鍬《くわ》を入れ、種をまき、水を引いたり雑草を取り除いたりしながらこまめに畑を耕す人のように、互いの心を耕していくことである。

二人が、それぞれ花を咲かしていくことのできる土壌を育てていくためには、まずは、「ありがとう」と「ごめんなさい」という言葉を口にするよう努めてみることである。というのは、夫婦となった以上、二人は、基本的には互いに助け合い支え合おうとしているわけだから、目を開けば、いたるところに「ありがとう」と「ごめんなさい」を口にする機会があるはずである。実に「ありがとう」と「ごめんなさい」は、岩のような固い土壌を和らげていくための最も有効な耕《こう》耘機《うんき》である。

3　自分らしさの喪失

わたしのもとに相談にくる人々の中に、周りの要求やものさしに縛られ、それに合わせようとひたすら心がけてしまったために、心が窒息し、自分らしく生きることもできず、人知れず、もがき苦しんでいる人も、少なくない。

繊細でまじめな性格の人ほど、このような穴に陥りやすい。というのは、まじめな人ほど、自分を抑え、周りの期待にこたえようと懸命に努めてしまうからである。

そのため知らず知らずのうちに心身に疲れがたまり、家族にも心を閉ざしてしまう人もいれば、職場にも足を運ぶことができなくなってしまう人もいる。なかには極端な例かもしれないが、A子さん（17歳）のように、心が壊れ爆発してしまう人もいる。

A子さんは、祖父母も両親も教師という教育者一家の家庭の長女として生まれ、幼いころから両親の期待にこたえようと必死に勉強に励み、周りの人からどんなことを頼まれても「嫌」と断ったことはなかったという。「良い子」であり続けようとしたのである。そんな彼女に対する周りの人々の評価は、「良い子」「優しい子」「頭のいい子」というものだった。

そんな彼女が、思春期になって心のバランスを失ってしまう。彼女によると、夕食の席などの家族の前では明るく振る舞いながら、自分の部屋に入ると、衝動的に教科書やノートを壁に投げつけたりしてしまうようになったという。またなかなか寝つかれなくなり、ときには涙を流し続けて、枕をぐっしょりぬらしてしまうようなこともあったという。無論、食は細くなり、やせこけていった。

ところが、学校教育一筋の両親は、そんな彼女の姿にまったく気がつかなかった。

彼女が両親の前で爆発してしまったきっかけは、高校に入って成績が下がり、それを母親がとがめたことだった。母親を「くそやろう」と罵倒し、「あんたたちのお人形ではない」とどなり、家に火までつけようとしたのである。

A子さんは、興奮した娘を抑えることができなかった両親によって救急車で病院に運ばれ、精神病棟に強制入院させられることになってしまった。

彼女の爆発は、教師としての親が日々発信し続けてきてしまっていたものによって、その心が萎縮し、その主体性を奪われてきてしまったA子さんの心の深奥からの悲痛な叫びだったともいえる。

今日の日本社会には、いたるところに「ああしなさい」「こうしなさい」と言う「べき論」や「決まりごと」が飛び交っている。そうした「べき論」や「ノルマ」に心が縛られ、窒息し、A子さんほどではないとしても、自分らしさを生きることができず、置かれた場所を変えることもできずに、もんもんと苦しみ悩んでいる人が、確かに増えている。

4 「べき論」がない世界

A子さんがその後、どうなったのか、心配されるかたもおられるかもしれないので、彼女のその後について、どのようにして明るさを取り戻したか、報告しておきたい。

A子さんに対する両親の最初の対応は、精神病院への緊急入院だった。家に火をつけようとまでして暴れまくり、その興奮がなかなか収まらなかったためである。それは、もはや自分たちの力では対応しきれなくなってしまったと判断した両親の苦渋の決断だった。

事実、A子さんの興奮は異常で、入院してからも、三日に一度は暴れまくるほどだったという。そのため、最初の二週間ほどは、閉鎖病棟に閉じ込められたという。それほどA子さんの苦悩は深かったということである。

しかし、病院の臨床心理士の働きかけもあって、徐々に落ち着きを取り戻し、二か月ほどで退院。しかし、そのとき、主治医は、それまでの生活環境の中にそのまま戻ることはよくないと判断し、できるならば環境を変えることを勧めたのである。

両親も納得。幸い、父親の弟が、信州の山奥で、陶芸家として生活しており、そこにしばらく預けられることになったのである。それが、A子さんの心身の回復にプラスに働いたのである。

そこは、自然が豊かなうえ、能力と成果を基準にした「人を測るものさし」とは、まったく無縁の世界であった。また子どもに恵まれず、ひたすら陶芸に打ち込む叔父夫婦のもとでは、それまでのように「良い子」を装うことも、「成績をあげる」ことも求められず、ありのままでよかったのである。

人間にとって最も安心できる居場所は、能力の有無、役に立つかどうかとは無関係に、ありのままを肯定し、つつみ込んでくれる人との出会いにある。A子さんは、それを叔父夫婦との生活の中で見いだして息を吹き返し、徐々にその心は癒やされ、その土台の上に新たな歩みを始めることができたのである。

今の日本の都会で生きていくためには、「べき論」があふれ、子どもも大人もその重圧のもとに生きている。一人ひとり、周りの要求と期待にこたえようと必死である。しかし、無理に合わせようと、思い詰めてしまうと、A子さんのように自分らしさを失い、その心が窒息してしまうことにもなる。

そうならないためには、自分なりに、趣味でもよい、旅行でもよい、心身の緊張をほぐし、心を潤し、和らげてくれる出会いや機会を自ら探し、「べき論」とは無縁な世界に身を置く工夫をしてみることである。

第四章

人との出会いに恵まれること

1　自暴自棄

人間は弱く、罪深い。そのうえ、人生は複雑である。生涯をつうじて、少しも迷わず、清く正しく、生き抜くことができる者は、おそらく一人もいないだろう。誰もが、一度や二度は、迷ったり失敗したり過ちを犯したりするものである。なかには、ひどい過ちを犯して、家族からも職場からも見放され、疫病神のように顔を背けられ、誰からも相手にされなくなってしまう者もいる。

いざとなったとき、わたしたち人間には、人に対して距離を置いて、冷たく突き放してしまう側面もある。ときとして身がってで残酷である。

一度どん底に落ちてしまうと、周りからは「どうしようもない奴《やつ》」とレッテルを貼られ、それまで親しくつき合っていた者たちからも声をかけてもらえないときもある。

一度失敗し過ちを犯した人間が、周りからレッテルを貼られ、腫れ物に触るように扱われながら、立ち直り、自分なりの人生を取り戻していくことは、実に難しい。

しかし、それでも、それは、絶対不可能なことではない。世間は捨てたものではない。心優しい者もいる。そんな心優しい友や良き環境に恵まれれば、どんな状態に落ち込んだ人間にも、再生への道は開かれていく。

Ｂさんも、一度人生の地獄を味わいながら、しかし、良き出会いに恵まれ、人生を取り戻した一人である。彼はわたしの大学時代の仲間である。大学卒業後、大手の商社に就職。能力を認められて三十代半ばにして営業部長になったやり手。しかし、地位が上がり、金銭的な余裕ができると同時に、部下の若い女性と深い関係になり、それが妻子の知るところとなり、結局は離婚。相手の女性も、上司に説得されて彼から離れてしまう。

孤独に突き落とされた彼は、酒にのめり込み、酒が手放せなくなってしまう。よほどつらかったにちがいない。職場でも隠れて飲むようになって、上司から見限られ、四十代半ばにして窓際に追いやられ、自ら進んで辞職。心身ともにボロボロになっていた。

大学時代の仲間は利害とは無関係である。その悲惨な姿を見かねて、集まって相談し、無理やり断酒施設に送り込んだのである。時間がかかったが、ついに断酒に成功。

戻ってきた彼は、友人の世話で、修道女たちが経営する小学校の用務員として再出発。そこは厳しい生存競争とギラギラとした欲望とは無縁な世界である。思いやりと心の温かさに満ちあふれた環境は、彼を変えていった。

良き出会いは、人を変える。穏やかで優しさにあふれた彼の表情は、職場に勤めていたときのそれとは明らかに違うものになっていた。

2　凍った心が溶けるとき

幼児にとって家の中で暴力を振るう父親の存在は、恐怖以外のなにものでもない。その心の奥底に深いおびえや人間に対する不信感や怒りが、鉛の塊のようになって沈殿し、その人格形成に大きな影響を与えてしまう。しかし、必ずしも決定的なダメージとなるわけでもない。時間がかかるかもしれないが、良き出会いに恵まれれば、幼いときに受けた深い傷も和らげられ、その固い塊も溶けていく。

C君がそうであった。わたしの赴任していた教会に姿を見せるようになったときは、まだ中学生だった。信者ではなかったが、最初は友人に誘われてのことだった。無口で、目立つところのない彼は、ただただなんとなく、中高生会の活動に加わっているかのようであった。ところが、しばらくたってから、学校の帰りにも、一人で教会にやってくるようになったのである。

教えを学ぶわけでもなく、ただ司祭館の中に入ってくるだけであった。わたしの部屋に客がいないときは、わたしの部屋に入ってきて椅子に座り、しゃべるわけでもなく、自分で教科書を開き、復習したり宿題をやったり、わたしに客があるときは、部屋を出ていって、小さな図書室にいって本を読んだりしていた。

夕方六時近くになると、家に戻っていった。保育園に勤めている母親が帰宅する時間だからである。彼の家庭は、母子家庭。彼はひとりっ子だったのである。

そんな彼が自分の心の内を打ち明けてくれたのは、彼が高二のとき、母親が大腸がんとわかり、入院、手術となったときである。

彼は、幼いころから、父親の暴力にさらされていたのである。父親は、少しでも気に食わないことがあると、ものを投げる。妻を罵り、手をあげる。食卓をひっくり返す。

三歳のときのことだったという。体調が悪く、夕食の席で食べたものを吐いてしまったとき、「親がつくったものを吐くのか」といって父親は激怒し、トイレに連れ込まれ、便器に顔を突っ込ませ「嫌なら全部、吐け」と、無理やりに吐かせられ、そのうえトイレの中に閉じ込められてしまったという。父親が寝てしまった後、母親がこっそり扉を開けてくれてトイレから出ることができたという。

両親は、彼が小学生のとき離婚してしまったが、幼いときの恐ろしい父親の姿が焼きつき、その心は凍ってしまっていたのである。

そんな彼にとって、教会全体が醸し出す、誰でも優しくつつみ込む優しさが、救いになったのだろう。大学生になってから、自ら聖書のクラスに加わり洗礼を受け、今は介護施設で働いている。その心の奥の塊が、究極には神の温かさによって溶かされたのである。

3　怒り

暴力を振るう父親のもとで幼年期を過ごしたD君が、その心の奥に蓄えてしまっていたものは、怒りだった。その怒りは、職場で爆発し、上司や仲間を混乱させ、周りから警戒され、つまはじきにされるようになってしまっていた。

友人の紹介でわたしの前に初めて訪れたときのD君は、表情は硬く、肩をいからせ、目はギラギラし、今にも感情を爆発させそうな雰囲気を漂わせていた。そのとき、彼は三十歳を超え、幾つかの職場を解雇され、派遣社員として清掃会社に勤めていた。

その怒りの根は、深く、原因は父親にあった。父親は、社会的には人から敬われるような地位にありながら、家では妻や子に対して権威的に振る舞い、気に食わないことがあると感情的に爆発し、妻や子どもたちに暴力を振るう暴君だった。彼の怒りは、そんな父親に対する嫌悪と反発から生まれたものであった。

父親は、国家公務員であった。転勤が多く、二、三年ごとに辞令が出て、家族ぐるみで引っ越しの連続。生まじめすぎるくらい生まじめだった父親は、地域社会との癒着に用心深く、家と職場を往復するだけで、仕事上のストレスや鬱積《うっせき》した気持ちは家に持ち込み、家で爆発させていたのである。妻や子どもたちにあたり散らし、特にアルコールが入ると、人が変わり、その暴力には歯止めがきかなかった。

そんな父親を幼いころから見続けてきたD君が高校生になったとき、ある晩、父親の暴力に耐えながら血を流す母親を黙って見ていることができず、父親に立ち向かい、体力でまさるようになっていたD君が、父親を押さえ込んでしまったのである。そのときから、家の中での父と子の関係は逆転し、父親は息子の姿を見るとすごすごと書斎にこもり、家族とは会話を交わさないようになってしまった、という。

社会人となったD君は、先輩や上司など何らかの形で権威を持つ者の、不正と思われるような言動を見ると、父親の姿と重なり、黙っていることができず、声を荒げ、食ってかかるようになってしまっていたのである。

そんな彼は、どこにいっても、煙たがられ、いつのまにか人間不信にも陥り、孤独になってしまっていた。そこから抜け出すために彼も、必死だった。

友人の紹介で教会の門をたたいたのも、そのためである。教会に慣れた彼は、その後、ビルの清掃の仕事帰りには静かな聖堂に立ち寄って、時を過ごすようになった。

神はどんな人間も突き放さない。周りから突き放されてしまった彼の最後の居場所が聖堂だったのである。その深奥にある怒りの根が溶けるまでには時間がかかるだろうが、D君はそこに向かって確かな歩みを始めたのである。

第五章

生きること

1　断る勇気

「魂を会社に売って生きているようなもんですよ」と自嘲的に話すのは、某商社の営業担当のAさんである。例をあげて、その悩みを説明してくれた。

得意先のお客への夜の接待もAさんの大切な仕事の一部。二次会、三次会とつき合って、締めくくりは、客の泊まるホテルに女性を送り込むこと、という。

我が家に向かう終電車に揺られながら、彼の心の中に「ばからしい、なんと愚かなことをしているのか」と、自分の仕事に対するむなしさと自分の人生に対する嫌悪感が、心の内から吹きあげてくるという。

一介のサラリーマンにすぎないAさんは会社の方針に逆らうわけにもいかず、妻子を抱えて簡単に職を変えることもできない。

組織のため自分の良心の声を押し殺さなければならない。人間として堂々と胸を張った生き方を選択することもできない。そうした自分の姿をAさんは「魂を会社に売って生きている」と表現したのである。

読者の中で、こうしたAさんの心情に共感するかたは、少なくないのではなかろうか。多くのかたが、このような思いを抱えながら、職場に足を運んでいるのではないか。

しかし、一方で「甘いよ。人生は、食うか食われるか、どちらかだよ」とか「社会は弱肉強食の世界だよ。きれいごとではすまないよ。生き残るためには、泥をかぶってでも突き進むしかない」と言い返されるかたもいるかもしれない。

しかし、一回かぎりの人生である。人間としてのプライドを失ったまま、社会のシステムや組織の論理、そして人間の醜い欲望に引きずられ、それで終わってしまうのは、もったいない。誇りをもって生きるために、人間としておかしいと思えることに気がついたら、「ノー」と断る勇気もあってよいのではなかろうか。

自分の魂を売ってまで、人に尽くす義理はない。また他人が自分の人生の責任を取ってくれるわけでもない。一回かぎりの人生である。それぞれに工夫があってもいいのではないだろうか。

「体を殺しても、魂を殺せないものどもを恐れるな。」（マタイ10・28）

「たとえ、全世界を手に入れても、自分のいのちを失ったら、何の得があろう

か。」（マタイ16・26）
いずれもキリストの言葉である。

2　茹で蛙

「ゆく河の流れは絶えずして、しかも、もとの水にあらず。淀みに浮ぶうたかたは、かつ消え、かつ結びて、久しくとどまりたる例《ためし》なし。世の中にある、人と栖《すみか》と、またかくのごとし」（方丈記）

方丈記の冒頭の文章である。そこには不遇な人生を歩まざるを得なかった作者、鴨長明の強烈な無常観が吹き込まれている。

彼は、父親の後を継いで神官になろうと願うが、十八歳のとき、父親を亡くして後ろ盾を失い、神官の道が閉ざされてしまう。その後も、幾たびとなく職を求めるが、思うようにゆかない。その人生は挫折の連続であった。そのうえ、彼が生きた時代は、混乱の時代でもあった。大火・竜巻・飢饉・地震など次から次へと大きな災害に見舞われ、治安が乱れ、政情の混乱と合わさって社会全体が不安に覆われていた。

そんな世界に生きて、無常観を深めた彼は、晩年になって世に背を向け、確かな不動なものを求めて、隠遁生活に引きこもったのである。

そんな無常観とはほど遠い世界に生きているのが、現代のわたしたちである。わたしたちの大半は、さして人生に疑問を抱くこともしないで、幼稚園から始まって大学へと続く上りのエスカレーターに乗って就職。就職してからは職場のシステムに自らを合わせ、その枠の中で自らの幸せを見いだせると信じて、ただひたすら前のめりに生きている。しかし、社会のシステムは、甘くはない。利益を最優先する職場では、役に立つ人間は優遇され、そうでない人間は冷たく扱われる。そんな中で、人は、切り捨てられないためにも、身を粉にして、職場の要求にこたえようとする。けなげである。しかし、悲しいことに、そこで、知らないうちに心が枯渇し、家族との絆《きずな》も希薄になってしまっていることに気がつかない。

それは、茹で蛙と同じである。蛙は変温動物である。蛙をいきなり熱湯に放り込むと、湯から飛び出てしまうが、初めは水に入れて、下から弱火でジワジワと暖めていった場合は、蛙は気がつくことなく、茹で上がってしまう。現代のわたしたちはそれと同じような歩みをしているといっても言い過ぎではない。

そうした鈍感なわたしたちを根底から揺さぶってくれるのが、災害や事故などである。

わたしたちにはあまり歓迎したくない出来事かもしれないが、それは、茹で蛙状態からわたしたちを目覚めさせてくれる貴重な恵みともいえる。つらい体験かもしれないが、災害や挫折から人生の真実がどこにあるかを学べる者は、幸いである。

3　師走

十二月を師走という。なぜ、「師走」と表現するのか、「師走」の師とは誰を指しているのか、一般に伝えられている説明は「僧侶」である。

僧侶は、ふだんは世の営みに対しては距離を置いて生きている。そんな僧侶たちも、新しい年を迎えるまえに、お経をあげるためにあちこち走り回らなければならなくなる。十二月は、僧侶も走り回らなければならなくなるほど、慌ただしい月になる。そんな年の瀬の慌ただしさを表現するために、「師走」と呼ぶようになったというのである。

しかし、念のために「師」が、もともと何を意味していたのか、辞典を調べてみたら、僧侶ではなかった。「師」とは、辞典では「人々を集めた大集団、集団をなした軍隊、それが転じて、人々を集めて教える人になった」と説明されていた。

「師」のもともとの意味が「大集団」ということになると、「師走」の「師」は社会全体ということになる。となると、「師走」とは、年の瀬を迎えて、僧侶だけでなく、社会全体が慌ただしく走り回るさまを表しているということになる。

いずれにしろ、その慌ただしさの背後にあるものは、一年の営みを無難に締めくくり、新しい年をすっきりとした気持ちで迎えたいという人々の気持ちである。

そのため、整理できることは、整理するに越したことはない。家の掃除、必要な買い物、仕事、金銭の貸し借りなどなど、今日できることは、今日のうちにやっておく。明日に持ち越すことは、賢明なことではない。

しかし、わたしたち人間には、自分の思うままに整理できず、解決することもできないものがある。それは、過去に受けた傷と過去の負い目である。

過去に受けた傷とは、親から受けた傷、友だちにいじめられた傷、仲間から裏切られた傷、愛を誓い合った相手から裏切られてしまった傷などなどである。また負い目とは、親を苦しめてしまった、幼い子どもに暴力を振るった、伴侶を裏切ってしまった、家族や職場に迷惑をかけてしまったことなど、人によってさまざまである。

そうした過去は、心を重くする。そうした過去に縛られたまま生きている人は少なくない。たとえ、表面的には明るく振る舞っても、心の奥に深い闇を抱えたままでは、晴れ晴れと希望に満ちた明日を迎えることは難しい。

希望に満ちた明日を迎えるためには、重い過去を和らげ、溶かすしかない。過去があって今があるわけだから、どんなにつらい過去であっても、蓋《ふた》をせず、目をそらさず、過去と向き合うことである。それがどんなに難しいことであるか、そしてどんなにつらいことであるかは、重々承知しているが、過去と真摯に向き合うことが、重い過去の呪縛から解放してくれるのである。

4　忘年会

十二月は、一年で最も慌ただしい月となる。そんな中で、行われるのが、忘年会である。どんなに忙しかろうが、またどんなに懐が寂しかろうが、そんなことにお構いなく、日本人は忘年会を行う。過ぎ去ろうとする一年のことは、できるかぎり忘れて、すがすがしい気分で新年を迎えたいという思いが働いているからなのだろう。

確かに、過ぎ去った過去にいつまでもこだわり、ぐずぐず考えすぎていては、前に進むことはできない。また心理的にも不健康である。過去に縛られず、過ぎ去ったことは忘却のかなたに吹き飛ばして心を軽くし、これから訪れてくる未来に希望をかけようとする心構えは、心理的には健全なことと言えるかもしれない。しかし、過去を安易に忘れ去ってしまうことは、必ずしもよいことではない。過去は、確かに取り戻すことはできない。しかし、消え去ってしまったわけではない。これまでの一つ一つの積み重ねが、今のわたしに受け継がれてきており、過去がなければ、今のわたしはない。

親がおり、多くの人との出会いがあり、そのおかげで今のわたしがある。過去に対しては、まずは感謝である。多くの人の人生が今のわたしを育ててきたわけだから、感謝の心を培うべきである。感謝して過去を受け取ることによって、そうした人々の人生が、わたしの人生に受け継がれ、わたしを介して花を咲かせていくといっても言い過ぎではないだろう。しかし、なかには、過去の出会いに、不満、怒り、憎しみなど、数知れない恨みつらみを抱いてしまっている人もいるだろうし、また自分の未熟さ、身がってさ、そして罪深さのゆえに周りの人を酷《ひど》く傷つけ、悲しませ、不幸にしてきてしまったという過去をもつ人もいるだろう。

そんな過去と向き合うことは、誰にとってもつらいことであり、多くの人は、そんな過去に蓋《ふた》をし、あたかも何もなかったかのように装いながら生きている。しかし、過去の出来事に対する怒り、憎しみ、罪悪感をそのままにしていては、心の晴れやかさはいつまでたっても得られない。どんなに醜く、どんなに惨めな過去であっても、過去との向き合い方を学べば、過去は変貌するものである。

過去を生かしていく道はある。もし、誰かを悲しませている自分に気がつけば、ゆるしを願い、誰かに傷を与えられている過去があれば、ゆるそうとする心を育ていくことである。

新しい年をすがすがしく迎えるための忘年会の意義を否定するつもりはないが、過去と向き合うことの大切さは、なおざりにしたくないものである。

5　別れ

「会うは、別れの始まり」ともいう。良き「出会い」は喜びを与え、「別れ」は悲しみをもたらす。しかし、この世に生きているかぎり、「別れ」は必然である。出会いが素晴らしければ素晴らしいほど、別れの痛みも深くなる。「別れ」の痛みにどのように耐え、どう克服するか、わたしたち一人ひとりの人生の大きな課題となる。

象形文字としての漢字は「出会い」の本質を明らかにする。「出会い」の「会」の古い形は「會」である。「會」の下の部分の「晋」は米を蒸すせいろの形に由来し、上の部分の「亼」は蓋《ふた》の形で、二つが合わさった「會」の字は、せいろにぴったりと蓋をした状態を形で表したそうである。したがって「出会い」とは、自分の外に、自分の望みにぴったりとこたえるものを見いだすこと、ということになる。

実に、良い指導者との出会い、良い友との出会い、良い伴侶との出会い、など、自分の求めているものにきっちりとこたえてくれる相手との出会いは、複雑な人生を歩まなければならない人間にとっては、大きな支え、導きとなる。

ところが、この世界には、せっかく見いだした出会いを容赦なく断ち切ってしまう残酷さが潜んでいる。ふだんは隠れているが、さまざまな形で突如現れ、容赦なくわたしたちのうえに襲いかかってきて、わたしたちを悲しみの中に追い込んでいく。

その残酷さは、象形文字としての「別」という漢字の中に込められている。「別」の「刂」は刀を表し、「別」は、頭部を刀でばらばらにする形を示す字だったという。つまり、「別れ」とは、ぴったりと一つになっているものを引き裂くさまを形に表した漢字だということである。

一つに結ばれていたものをばらばらに引き裂いてしまう残酷な「刀」とは、転勤、災害、事故、戦争、病、死である。いずれも、わたしたちに深く傷つけ悲しみを与える非情な「刀」である。また人間のうちに潜む身がってなエゴイズムや欲望も、別れを生み出す残酷な「刀」といえる。

こうした力に逆らうことは難しく、わたしたち人間には限界がある。

自分を支え、喜びを与えてくれていたものが、無理やり剝ぎ取られ、奪われていくことは、誰にとってもつらく、誰もがその痛みに叫びをあげ、苦悩し、悲しむ。

この世界に人類が登場して以来、この地球の上には、愛する者を無残に奪われ、悲しみの淵に沈められた人々が流した涙が、あふれているはずである。

出会いが素晴らしければ素晴らしいほど、その痛みは鋭く、悲しみは深い。それに耐えることは容易なことではない。

しかし、その悲しみの淵に沈潜し、もはや元に戻らない現実を直視しながら彼岸への視点で受容していく、そこに宗教の世界がある。

6　苦悩の極み

「産めよ、増えよ、地に満ちよ」（創世記1・22）と創世記は、人間の誕生が神の祝福のもとにある、と語る。この世界のすべての出来事が恵み深い神の手の中にある、という点で聖書の世界は楽天的である。

しかし、それをそのまま素直に受け入れることは難しい。というのは、人生に不幸は避けられないからである。

わたしたちはみな、その歩みの途上で、何がしかの不条理な出来事に遭遇し、悩み、苦しみ、絶望を体験し、「人生は神の祝福のうちにある」と安易に言うことができないことを実感している。「神がいるならば、なぜ、こんなひどい目に合わなければならないのか」と叫びたくなることも、しばしばである。「何のために生まれてきたのか」と人生を呪ってしまう者も少なくない。

聖書の中にも、自らの誕生を呪った者がいる。預言者エレミヤである。

「わたしが生まれた日は呪われ、母がわたしを産んだ日は祝されることのないように。わたしの父を喜ばせ、その便りを告げ、『あなたに男の子が生まれた』と言った人は呪われるがよい。……なぜ、わたしは母の胎内を出たのだろう。もだえと苦しみを見、恥のうちに日々を閉じるためだったのか。」(エレミヤ20・14〜18)

彼は、紀元前七世紀中ごろから六世紀前半にかけて、イスラエルがバビロン帝国の侵略によって祖国を奪われていく時期に活躍した預言者である。大国の侵略によって祖国が蹂躙《じゅうりん》されて、悲惨な生活が待っていると預言し、抵抗することはむなしく、敗北に終わる、と人々に繰り返し語り続けたのである。

「彼らは弱り果てて死ぬ。嘆く者も葬る者もなく、土の肥やしとなる。彼らは剣と飢饉によって滅びる。その死体は空の鳥、野の獣の餌食となる。」(エレミヤ16・4)

現実を直視した彼の言葉は、指導者たちに煙たがられ、人々の感情を逆なでして、嫌われ、人々を惑わす危険人物というレッテルを貼られ、幾度となく投獄されてしまう。彼は、そうした自らの人生を呪ったのである。

しかし、彼は、人生の不条理に翻弄されながら、苦悶の中で、自らの人生が神の手の中にあると信じ、神の真の祝福が、闇の底を突き抜けたところにあることを、身をもって体験していったのである。

エレミヤの苦悩の極みの中での叫びは、「神よ、神よ、なぜ、わたしをお見捨てになったのですか」というキリストの叫びにもつながっていく。

神からも見捨てられてしまったのではないかと思えるほどの深い苦悩と絶望の中に、神は、人を見捨てず、傍らにいる。それが聖書の中の信仰の極みである。

第六章

お金のこと

1　幸せとお金

大学を卒業し、公立の小学校に就職し、三十数年間、小学校の教師を務めてきた親しい友人の話である。

彼は、新年度を迎えて新しい学年を担当するたびごとに、ホームルームの時間に、子どもたちに「幸せになるために、何が必要だと思うか」というテーマを投げかけて、話し合いの時間をもうけてきたという。

「幸せになるために何が必要か」という問いに、ほとんどの子どもたちが第一にあげるものが、「お金」だったという。それは、ホームルームを始めてから十数年たっても、まったく変わることはなかった、という。

子どもたちが、具体的にあげるその理由は、非常に即物的であった、と彼はいう。「お金があれば、欲しいものは、なんでも手に入る、新しいゲームのソフトが買える、おいしいものが食べられる、遊びにいける、旅行にいける、かっこいい車を買える、大きな家に住める……」など。

幸せをお金と結びつけてしまう子どもたちの姿は、寂しく悲しいことである。しかし、友人は、そんな子どもたちの考え方を、一方的に断罪することはできなかった。それは、親たちの生き様と経済を中心に展開している現代日本社会の反映でしかないという思いがあったからだ、という。

確かに、親たちは日々、生活のため、子どもの教育のため、必死になってお金を求めて生きている。子どもたちはそんな親たちの姿を見ている。またテレビなどは、次から次へと新しい商品のコマーシャルを流し、購買欲を刺激し、それを購入することがあたかも幸せにつながるかのような思いを抱かせてしまう。そんな社会の中で日々を過ごしている子どもたちの心が、お金と幸せを結びつけてしまうのは、無理のないことである。

しかし、なかには、「幸せになるためには、家族とか友人が大事」と答えた者もいたという。お金の力では解決できない現実の厳しさを体験した子どもたちだったという。一人は、東北の災害によって家族を失い、東京の親戚の家に引き取られた子ども、もう一人は、福島の原発事故によって、仕事のためやむを得ず父親は福島に残り、母とともに東京に出てきてしまった子どもだったという。

わたしたち凡庸な人間が、生きるにあたって最も大切なものは何か、その真実に目覚めるためには、ときには、思いどおりにならない現実に直面したり、災害に襲われたりして、打ち砕かれることが、必要なのかもしれない。

2　買えないもの

貨幣経済が社会の隅々にまで浸透し、徹底するようになってから、わたしたちの一生は、ますますお金によって左右されるようになってしまった。

お金がなければ、まずは生きていくために最も必要な住まいを確保できない。たとえ、住まいが確保できたとしても、お金がなければ、電気、ガス、水道などは止められてしまうし、日々の糧にも事欠くことになる。さらには将来に向かった生活設計も立てられず、結婚することも困難になってしまう。

お金がないからといって、人を安易に頼ることはゆるされない。人はみな、それぞれ、自分の生を背負うのに精いっぱいで、他を顧みる余裕はない。頼れたとしても、限度がある。

こうしてお金のない者は、元気な者が忙しく働く社会の営みからは取り残され、やがて人も寄ってこなくなり、最後は独りぼっちの寂しい孤独の世界にたどり着く。

逆に、お金があれば、衣食住は確保でき、日々の生活は落ち着いたものになる。また食を楽しみ、コンサートにも観劇にも旅行にもいけるようになる。また、お金があると分かれば、人も、もみ手をしながら、寄ってくる。金持ちは、デパートでもホテルでもそしてまた入院しても、丁重なもてなしが提供される。高齢になっても、お金があれば、有料老人ホームにも入ることができ、周りから細やかに見守られながら、日々を過ごすことができる。

人生の現実を念頭に置くならば、お金があるに越したことはない。しかし、お金には限界があり、お金で買えないものは、たくさんある。

まずは、大自然の営みである。お金をいくら積んでも、自然を人間の思うままに操ることはできない。毎年訪れる台風やいつ襲ってくるかわからない大地震、それにともなって引き起こされる大津波などに対しては、人間は無力である。歯が立たない。

また、病、老い、死に対しても、お金は無力である。お金持ちにも貧しい者にも、死は平等に訪れてくる。お金は、あの世にはもっていけない。

さらにまた、人の心も金では買えない。傷ついた人間や苦しむ人間に心を痛め、傍らに寄り添い、親身になって言葉をかけ、支え、励ましてくれる人の心の優しさと温かさも、お金で買えるものではない。

人類が今日まで生きてこれたのは、お金の力ではない。優しい人間の存在である。実に、いつの時代にも、損得を超えて、困った人を見れば駆け寄り、寄り添い、親身になって支えようとする優しい心が生きていたからである。人類に真の幸せをもたらすものは、お金ではなく、そうした優しい心の持つ力なのである。

3　地獄の沙汰も金次第？

お金にまつわることわざをあれこれ探しているうちに、「地獄の沙汰も金次第」に行きあたった。このことわざを目にしたとき、わたしは最初、このことわざも、金の力を誇示することわざの一つではないかと安易に受け取ってしまった。事実、「故事ことわざ辞典」などには、そのような説明がされており、おそらく多くの人も、このことわざを「世の中は金次第」ということを強調することわざとして受け取ってしまっているのではなかろうか。

しかし、丁寧に調べてみると、そうではないことを知らされた。元になる話は、「徳を積むように」という説教だったのである。

「その昔、ある山寺の和尚のもとに、村の長者が亡くなり、葬儀をしてほしいという依頼がくる。和尚がそれを引き受け、葬儀の準備をしていると、和尚の目にその長者が地獄に落ちてゆく光景が見えてきた。そこで和尚は、すぐさま長者の屋敷に使いを走らせ、長者の財産を村人に分け与えるように伝える。『そうしないと、亡くなった長者はそのまま地獄に落ちてしまう』と。それを聞いた長者の遺族は、『地獄に落ちては大変』と、ありあまる財産を村人たちに分け与えてしまう。おかげで地獄行きの沙汰が変更になった」というのが、このことわざの由来であったらしい。

自分の幸せだけを考えて、周りの人々に心を開いて手を差し伸べなければ、天国には行けない。そうしなければ、死後、苦しむことになるという教えは、聖書にもある。

ある青年が、キリストに向かって、永遠のいのちを得るために、どうすればいいか、と尋ねる。彼はまじめな青年である。キリストは、彼におきてを守るよう諭す。彼は胸を張って「自分は悪いこともせず、おきてにそって生きてきた」と答える。

そんな彼に、キリストは、「一つだけ足りないことがある」と言って、「もし、永遠のいのちに入りたければ、財産を売り払い、それを貧しい人に施して、ついてきなさい」と諭したのである。彼は、悲しげに去っていってしまう。彼は金持ちで財産を捨てきれなかったからである。

キリストのメッセージの根底には、人間の真のいのちの豊かさ、充実をもたらすものは、人との心からの交わりだ、ということがある。「人に迷惑をかけなければ、それでよい」というレベルのものではない。たとえ、おきてにそってまじめに生きていても、人への温かな目覚めがなければ、その生き方はむなしい、という哲学がある。地獄の本質は、愛の交わりのない、絶対孤独にある。

「死からいのちへ移ったのは、兄弟を愛しているからであり、愛のない者は死の中にとどまったままである」(一ヨハネ3・14参照)という言葉もある。

4　裏金工作

「成るも成らぬも、金次第」「冥土の道も、金次第」「人間万事、金の世の中」など、金の力を誇示したことわざは、昔から少なくない。

現代社会にあってもお金は隠然たる力を保ち、「金がなる木」と分かると、利権に目がくらんだ人々が群がり寄っていく。表向きはともかく、裏では社会は金で動かされていく。そんな実態は今も昔も変わりはない。「金さえあれば、飛ぶ鳥も落とすことができる」ということわざもある。

しかし、民主主義が発展した社会にあっては、さすがに金は表には出にくくなった。人間はみな平等で、同じように幸せになる権利があるという大原則が浸透したおかげで、物事を決めていくためのいちばん透明なルールは、多数決になった。互いにそれぞれの主張を述べ合い、互いに耳を傾けながら議論した後で、決をとって決着をつけていくやり方は、確かに公明正大である。

しかし、人間の欲望はかぎりなく、人は金に弱い。お金を積めば、閉ざされた道も開け、袖の下をとおせば、裏取引は成功し、政治家たちも動いてしまう。表面上はルールにのっとった体裁を整えながら、裏では、人の弱さにつけ込んで、金の力で人を動かし、甘い汁を吸おうとする人々は、巨万《ごまん》といる。そんな人々が引き起こす事件は、後を絶たない。

現代世界にあって金がなる木は、今や大きなスポーツの国際大会、国際会議や国などの公共事業などである。誘致に成功できれば、莫大《ばくだい》な金が動き、地元には膨大な利益がもたらされる。そのため人も企業も、組織、地域・国をあげて、なり振り構わず突き進む。一方では、大々的に世論を操作して盛りあげながら、裏では、裏金、裏帳簿、裏工作などと工夫して、関係者たちに有利になるよう働きかけていく。多くのイベントや事業が、こうした金に動かされ、決められていく。

残念なことだが、この度の二〇二〇年の東京五輪招致の決定も例外ではなかったようだ。フランスの検察当局は、日本の招致委員会から、当時の国際オリンピック委員会会長の息子がかかわるシンガポールの会社の銀行口座に、コンサルタント料として二億数千万円の金額が送金されていた、と発表した。開催地が決定される前後に二回に分けて送金されたことから、決定に対して権限、影響力を持つＩＯＣ委員を買収する目的で行われた不正な支払いだったという疑いがもたれた、ということである。

もし、それが事実なら、東京開催は「カネの力」で勝ち取ったものということになる。人々に夢と感動を与える大きなイベントが、その裏で甘い汁を吸おうとして群がる人々の欲望と汚い金によって決定され企画されたと明らかになったとき、素直に喜べる人は、どのくらいいるだろうか。わたしにはむなしさが突きあげてくる。

第七章

日本社会のこと

1　孤独死

独り暮らしの六十五歳以上の人を対象にした内閣府の調査（二〇一五年）で、「誰にも看取られず、死亡後に発見される、孤独死を身近に感じるかどうか」という問いに、約四十四パーセント強の人が「孤独死を身近に感じる」と回答した、という。

わたしも仕事柄、確実に無縁死、孤独死が、増えていると実感している。

今年になってから、わたしの幼いころからの友だちの一人が、東京郊外のマンションの一室で亡くなっていた。死後、二週間もたっていた。

長年連れ添った妻は、数年まえに帰天し、彼は、東京郊外のマンションでの独り暮らしであった。三人の子どもはそれぞれ独立し、長男は結婚して家族とともに海外に、次男は、医学部を卒業した後、関西の病院で勤務、いちばん下の娘は、独身だが、看護師として、都心の病院に勤めていた。

彼女が、父親の死を知ったのは、たまたま父親の誕生日が近いこともあって、電話をしても応答がなく、何度か電話してもつながらないことから、心配になって、直接父親のマンションを訪ねたところ、亡くなっているのを発見したということである。

マンションの住人は、約八十所帯、三百人前後の人が生活していることになるが、互いの交流は乏しい。誰一人、気がつかなかったという。

今や、地域社会も、あてにならなくなっている。隣の住人が、どこに勤め、その家族構成がどうなのかも、なかなか分からない。擦れ違う際に声をかけ合う程度で、互いに深くかかわろうとはしない。それぞれ、自分たちの生活に専念しているだけである。

また子どもたちも、どんなに善意があっても、結婚し、家庭を持ってしまえば、そう頻繁に親のところに顔を出すことはできない。それぞれが自分の家族を支えることに精いっぱいである。また就職すれば、親から離れ、遠隔地にいかざるを得ないこともある。

それでも、夫婦とも健在であれば、孤独死からは救われるかもしれないが、いつまでもともにいるわけではない。どちらかが先に天に召されていく。

現代社会のシステムは、確実に孤独死の予備軍を増やしている。

その責任は、経済的な豊かさを求めてひたすら走り続けてきてしまった、戦後七十年の日本社会の歩みにある。その歩みが、家族の絆《きずな》を弱め、地域社会から共同体制を奪ってしまった。孤独死への不安を和らげるためにセーフティー・ネットの充実は無論のことだが、わたしたち一人ひとりに求められることは、周りの人への温かなまなざしである。

2　無縁社会の到来

数年まえ、ＮＨＫが「無縁社会」というタイトルで、番組を制作し、放映したことから、「無縁社会」という言葉は、人々の間に定着してしまった。番組によれば、誰からも看取られずに、社会の片隅でひっそりと亡くなっていく人々が増えており、その数は、年間三万を超えるまでになっているという。

これまで人と人とをつなぎ支えてきた主なものは、血縁、地縁、社縁である。それらが弱められ、ずたずたにされて、多くの人々が孤独に追いやられて、その結果、無縁死、孤独死の増加を招いたというわけである。尊い人間の一生が、誰からも看取られずに孤独のうちに終わってしまうことは、悲しいことである。

しかし、また一方で、「縁」からの解放は、近代人の願望であったという事実も、見落としてはならない点である。なかでも「血縁」「地縁」は、家父長制のもと、古い慣習や伝統によって人を重く縛りつけてしまう代表的なものであった。その重圧から解放され、自由気ままに生きたいという願望、そして憧れ。それが、今日あるような社会を生み出すための一つの原動力となってきた事実は、否めない。

イエやムラの縛りからの解放への道を開いてくれたのが、資本主義のシステムであった。大家族から核家族への家族のありようの変化も、農業を中心とした生活形態から都市型の生活形態への変化も、産業革命後の新しい経済システムが招いたものである。

無縁社会の到来は、そんな資本主義的な価値観が一人ひとりの心の奥にまで浸透し、家庭も学校も、職場も社会の仕組みもすっかりその色に染まって、人々はモノが与えてくれる幸せを求めて必死になって、人を顧みる余裕を失ってしまったためである。

またこの十数年の政府の政策も、人への温かな心を失ってしまっていることは、経済の発展を最優先し、企業の支援、発展のためには財政支出を惜しまないが、教育事業や福祉施設、医療施設への予算は削減し続けてきてしまっていることからも明らかである。国家もまた資本主義的価値観に覆われてしまっているのである。

確かに、資本主義的価値観が浸透した社会では、「縁」は「円」になってしまったのである。その極みが、無縁社会の到来ということになる。

現代人は、資本主義の論理に乗って、「血縁」、「地縁」のしがらみから解放され、快適で便利で、自由気ままな生活を享受することに成功したが、その一方で人とのつながりが消えた寒々とした孤独の世界に直面するようになってしまったのである。

今、求められるものは、人の究極の幸せはモノではなく、人と人との愛に満ちた交わりにあるという価値観を見いだし、それを生きようとする勇気、決断ではなかろうか。

3　スマホ

スマホは便利である。しかし、それは、また一方で、現代に生きるわたしたちの、人間としての、周りの人に対する共感能力を弱めてしまっているようにも思える。

実に多くの人が、繁華街の人混みの中にあっても、スマホの画面に集中しながら、脇目も振らずに歩いているし、また電車やバスの車内でも、隣人に何の関心も示さずに、スマホに見入ってしまっている。

しかし、そんな人々も、レストランやお店に勤め、自分たちの客とわかれば、優しい言葉で声をかけ、その要望には丁寧に耳を傾け、客が出ていくときには、深々と頭を下げる。損得には敏感な現代人の姿がそこにある。しかし、いったん勤めを終えて外に出れば、まったく別の顔になり、周りには目もくれず、スマホを手に取り自分の世界に浸っていく。街中では周りの人々への共感能力に蓋《ふた》をしてしまっているように見える。

しかし、街中だけではない。今や、スマホは家庭の中でも威力を振るっている。さまざまな調査は、家庭の中でもスマホを手放せなくなっている親子の姿を明らかにし、親子の間の肌感覚でのコミュニケーションを奪ってしまっている実態を伝えている。

十歳から十八歳の未成年の子どもたちの六十パーセント近くがスマホを所有し、その数は学年が上がるにしたがって増え、高校生では、男子で八十五パーセント強、女子で九十五パーセントが使っていると、報告されている。

そんな子どもたちが、家の中では、家族と向き合い言葉を交わすよりも、アプリで動画を見たりゲームをしたりＳＮＳで友だちと連絡したりして、スマホに見入ってしまっているという。

しかし、子どもたちだけではない。教師たちの多くが、「母親が、スマホをいじっていて、話しかけても聞いてくれない」とか「食事中はやめなさい、と言いながら、自分はスマホに見入ってしまっている」という子どもたちの不満の声を、勉強会などで証言している。また親のスマホやタブレットの利用時間が長くなればなるほど、スマホを利用する子どもが増えている、という調査報告もある（一〜六歳児の保護者を対象にしたe-Lunchの「親と子どものスマートフォン・タブレット利用調査結果二〇一四年」）。親の責任は大である。

家庭は人間形成の原点である。親子ともどもスマホにはまってしまっている家庭は、肌感覚での触れ合いを薄めて、人の心に共感できない人間を生み出していく温床になってしまっているのではなかろうか。

4　男たち

第二次世界大戦が終わってから七十年がたつ。その七十年の歩みは、日本の父親たちにとって、家族の中での権威を失っていく歴史だったと言っても、言い過ぎではないだろう。

家父長制度だった戦前は、父親には家長としての権威が与えられていた。人間としての中身はともかく、父親たちは家族に対してそれなりの権威をもった存在として理解されていた。

ところが、戦後を境に、そうした後ろ盾は奪われてしまった。「イエ制度」は消滅し、女性たちには参政権が与えられ、男女平等の社会に変わったからである。

しかし、それでもしばらくは、経済力を盾にして、その権威を主張することができていた。妻や子どもたちが言うことを聞かないときには、「おまえたちが生きていけるのは、俺のおかげだ。俺の言うことを聞け」と家族を黙らせることができた。

しかし、それもある時期までである。一九七〇年代になって物価高となり、妻たちも夫の収入を補うために働かなければならない時代になったとき、「だれのおかげで……」というひと言の神通力が失われてしまった。

さらにまた、八〇年代に入り、女性たちが、ボランティア活動、就職などに、積極的に社会に出るようになると、ますます家の中で男たちの魅力は失われていくことになった。

社会に出て刺激を受け、豊かな情報を持つ女性たちにとって、職場でエネルギーを使い果たして疲労困憊し、家ではただ身を横たえることしかできない、口数の少ない夫たちの人間としての魅力は、薄れていく。子どもたちにとっても、家で寝転んでいる父親の姿に、魅力はないだろう。

職場の駒となり、直線的に仕事に打ち込むことだけが、人生のすべてではないはずである。物が豊かになった今、質が問われる時代になった。家族のためと思ってひたすら働き続けてきた男たちが、家族の中で権威を取り戻すためには、人間としての質を豊かにしていく道を探ることではなかろうか。

そのためには、個人の努力だけでは無理である。男たちにゆとりを与え、人生の豊かさを味わい楽しむことができるよう、男の育休の充実や残業時間の短縮、それに有給休暇のこなし方など、職場のシステムなどの工夫も求められてくる。男たちの人生を豊かにすることは、家族をも救うことになる。

5　女性賛歌

「太陽は休んでもいい。月も休んでもいい。でも女は休まない。もし、女が休んだら、かまどの火が消える。

塀の隙間から冷たい風が老人の頭を痛めつけるなら、女は我が身をもって風から守る。

道端のいばらが子どもの足に刺さるなら、女は我が身を山道に敷く。

女が家にいるとき、その家族は一つになる。

もし、女がそばにいれば、男は山崩れにも耐える。（中略）地上に女がいなければ、緑は育たない。男のそばに女がいなければ、男はすぐに病に倒れる。

地上に女がいなければ、そこに人類はない。太陽は休んでもいい。月も休んでもいい。でも女は休まない。」（二〇一六年四月、プログラムより）

これは、中国の舞踊家ヤン・リーピンが、「シャングリラ」の中で、古くから伝わる少数民族の踊りを現代風にアレンジして踊った踊りの歌詞である。いのちに寄り添い、いのちを見守り、いのちを支え、育むという視点からの、女性という存在に対する賛歌である。

いのちに寄り添う、いのちを見守る、いのちを支える。それは、利益を求めた目的志向型の生き方や自らの生の輝きをひたすら求めていくという直線的な生き方とは、まったく異なる次元の生き方である。

いのちに寄り添うことは、成果を求めるのでもなく、自らの輝きを求めるのでもない。水がどんな器にも合わせていくのと同じように、融通無碍《ゆうずうむげ》、相手のいのちのありように合わせながらかかわっていく生き方である。

家族の一人が、独りぼっちの寂しさに泣き叫ぶようなことがあれば、駆け寄って優しく抱きしめ、我が子や夫が、弱肉強食の社会に打ち負かされて、自分はもうだめだと思い込んでしまうようなことになれば、「あなたはかけがえのない存在である」と伝え、病に侵されて生きる喜びや明日への希望を失ったりするようなことになれば、その悲しみに耳を傾けて悲しみを和らげ、老いを迎える家族には、「わたしがそばにいる」と言ってその杖《つえ》となっていくことである。

それは、自らを磨き、自らの生の充実感を求めて、脇目も振らずにひたすら前を見て生きることとも違う。また社会に出て、周りの期待にこたえて役立つ人間として生きていこうとすることでもない。愛する家族の幸せのために、相手の中に自らを埋没させながら、自らのアイデンティティーを確立していく生き方である。

それは、人類の営みを根底から支える（支えてきた）生き方である。それは歴史の表に残る華々しい男たちの働きよりも、はるかに貴重な生き方である。いのちに寄り添おうとする女性たちがいなければ、人類はとっくに滅んでいたかもしれない。

6　一億総活躍社会

「一億総活躍社会」、これは、首相がアベノミクスの第二弾として掲げた旗印である。その実現のために首相は、担当大臣まで任命した。

「一億総活躍社会」、それは、首相の頭の中では時間をかけて練られてきたものだったのかもしれないが、わたしの心の中では、「一億」という言葉を聞くだけで、生理的な拒否反応が起きてしまう。というのは、戦争一色に染まってしまった時代の「国民総動員」「一億一心」のかけ声や連合軍が本土に上陸してくることを予想したときの「一億総玉砕」「一億火の玉」のかけ声、それに終戦後の東久邇宮内閣の「一億総懺悔」などという過去の暗い記憶と重なり合ってしまうからである。

いずれのかけ声からも伝わってくるものは、国民一人ひとりが置かれている状況を理解せず、自らが望む方向に国全体を動かしていこうとする権力者たちの自分かってな思いとおごりである。

与えられた人生をコツコツと誠実に歩む一人ひとりの人生は、国家よりも尊く、権力者の意のままに動かされて踊らされてしまってはならないものである。

それはともかく、「一億総活躍」が具体的に何を目指すものなのか、確認するために官邸のホームページをのぞいてみたら、「希望を生み出す強い経済」、「夢をつむぐ子育て支援」、「安心につながる社会保障」を目指すものであると説明されていた。

何のことはない。それは、従来の省庁、つまり、経済企画庁、経済産業省、厚生労働省や内閣府の少子化対策推進委員会などの担当分野のものである。決して新しいものではない。新しさは、「一億総活躍」という名の下に、それぞれの省庁の働きを一本化しようとしたところにある。

そこで見逃してはならない点は、その究極の狙いが、女性や高齢者などの雇用を拡大して経済を活性化し、「生産性向上を大胆に進める」ことにある、と明記されている点である。つまり「経済の活性化のための一億総活躍社会」ということなのである。

「経済の活性化のための一億総活躍社会」とは、要注意である。というのは、世界の国別の幸福度調査報告からも明らかなように、経済的な発展、そして豊かさが、必ずしも人の幸せにつながっていかないからである。

事実、これまで経済的な発展を最優先してきたために、日本社会は、働く人々の精神の空洞化を招いただけでなく、家族の絆《きずな》を弱め、人と人とのつながりを希薄にし、結果としては孤独死・無縁死などの増加を招いてきてしまっているのである。

これから目指すべきことは、この負の事実を直視し、物質的な豊かさでなく、一人ひとりが生きてきてよかったと実感できる質的に豊かな社会の構築ではなかろうか。

7　残業

「夫が、昨日会社で倒れ、救急車で病院に運び込まれました。診断は、くも膜下出血」と信徒のY子さんが、「夫のために祈ってください」と教会に駆け込んできた。

Y子さんの夫は、三十歳後半。大手の商事会社の営業部の係長。残業が多く、ここ数年は、取引先の客の要望にこたえて、全国を飛び回っていたという。過労が積み重なって倒れてしまったのだろう、というのが、医者の診断だったという。

ちなみに、二〇一五年、厚生労働省が発表した「過労死などの調査についての報告書」によると、正社員の残業時間が、「月八十時間」を超えている企業は二二・七パーセントになるという。一日四時間以上の残業をしている者が、大手企業でも多いということである。

日本社会の平均的なサラリーマンは、進学・受験の厳しい競争をくぐり抜けて大学に入学。それだけでも相当なエネルギーを消耗しているはずだ。そのうえ入社した後も、ほっとする間もなく、会社という組織の歯車となり、利益追求のノルマを課せられ、手を抜くこともできず、それにこたえようと必死になって生きている。

多くの者が、残業にも、長時間労働にも嫌な顔をせず、そのうえ有給休暇もとらず、滅私奉公のような形で、働いている。家に戻っても仕事のことが頭から離れず、熟睡もできず、疲労を十分回復できないまま、また翌日会社に向かっているのである。

そんな人々が、心身に不調をきたしてしまうのは当然である。Y子さんのご主人もその一人である。経済の発展の陰で、「寝不足」「食が細くなる」から始まって、三十代、四十代の若さにもかかわらず、心身の不調をきたし、胃腸などがやられたり、不規則な生活が重なって脳出血、心臓麻痺などで倒れたり、さらにまた心までむしばまれたりして、うつに覆われ、自らいのちを絶ってしまおうとする者も増えているのである。

そんな人々にとっては、首相が突然打ち出した「一億総活躍社会」というキャンペーンは、絵空事のようである。「活躍」という言葉は文字どおり、「活き活きと躍るような」形で生きている人の姿を表す言葉である。仕事に縛られ、心身ともに疲れ果てている人々には、「総活躍」は、夢のまた夢の、手の届かない世界のこととなる。

そんな人々が増えている中で、みなが生き生きと過ごすことができるために、今、政府に求められることは、甘い言葉に飾られたキャンペーンよりも、人々をがんじがらめにしてしまっている過酷な職場の現実を直視し、何よりも働く人を守り、人間としてのゆとりを与える具体的な施策である。と同時に日本社会全体で、人間の真の幸せ、豊かさがどこにあるのか認識を深め、働くことが人生のすべてではないという価値観、人生観を育てていくことである。

8　隠居生活

日本社会の高齢化は急速に進んでいる。晩年を、どのように迎えてよいやら、ほとんどの人が不安を抱えているのではないだろうか。これまでのように落ち着いた隠居生活を楽しむなどということは、もはや夢の中のまた夢のようになってしまった。

辞書によると、隠居とは、「官職をやめ、また世間の煩わしさを避けて静かにすること（人）」とある。もし、「隠居」を辞書の定義どおりとすれば、隠居生活を享受できるものは、今の日本社会ではかぎられた者になってしまう。というのは、文字どおりの隠居生活ができるためには、お金、健康、それに考え方などの支えが前提になるが、そのすべてが現代人には心もとなくなってしまっていると思えるからである。

まず経済的な条件。平均寿命が延びたため、その延びた歳月分を支えるための財政的な裏づけは、平均的なサラリーマンの退職金だけでは足りない。さらに年金システムも揺らぎ、あてにならなくなってしまったし、預貯金の金利も低くなってしまって利子で老後の生活を支えることも難しい。

また子どもたちにも頼れない。多くの子どもたちは、自分たちの生活を支えるのが精いっぱいで、年老いた親たちの面倒を見、支える時間的余裕も金銭的余裕もない。

さらにまた、社会の進歩は速く、若者たちを中心に急速に変化し、新しい文化・文明が生み出されていっている。年老いた者たちには、新しい技術・テクニックについていくこともきわめて難しい。老人たちの出番はどんどん少なくなっている。

一昔まえのように社会の変化が遅い時代には、お年寄りの生きてきた知恵は若者たちの生き方を照らすことができ、お年寄りの存在そのものが肯定され、敬われてきていたが、今は、そのままでは若い世代の人々にはつうじなくなってしまった。

そのうえ、高齢化が進めば進むほど、誰もが、いずれは他の人の助けを借りなければならない時代になってしまったうえ、自分は絶対、認知症などにならないと言い切れる者はいない時代になってしまった。

実に、一昔まえの時代とは違って、現代のわたしたちは、老後の生活を自分の思いどおりに組み立てることは難しい時代を迎えてしまったということである。誰もが、社会の歩みから取り残されてしまうという孤独と、自分をどのように支えていくかという不安におびえなければならない時代を迎えてしまったのである。

求められることは、自分の限界を冷静に見極め、どうなろうともすべてをなるがままに委ねようとする心を培うことである。そのためには、どの宗教、教派とはいわぬが、宗教の力を借りることである。この世界を超えた確かなものを示し、人間の孤独と不安を支える光と力は、宗教の世界にあるはずである。

9　大自然の破壊力

人類は、地球の表を、自分たちの都合のよいように、どんどんと変えてきた。山や丘を平らにして田畑とし、田畑を住宅地としてそこに家を建て、さらに道路を敷いて人の往来を可能にして、にぎやかな街を育て、自分たちに都合のよい便利な社会をつくりあげてきた。今や都会には、高層ビルやマンションがそびえ立ち、高さ二百メートル、二十階以上のビルも珍しくなくなった。

設計技師も建設業者たちも、国が定めた建築基準法にそって、震度七程度の地震には耐えられる強度を確保している、と口をそろえてその安全性を強調する。しかし、どんなに大丈夫だと説明されても、それでもそんなに高いビルを建てて、地震に耐えられるのか、不安を抱いてしまうのは、わたしだけではないだろう。

安全だと保障されても、安全ではなかったというケースを、わたしたちは経験で知っている。数年まえの、東北の太平洋沿岸を襲った地震と津波によって崩壊した大防潮堤と原子力発電所の崩壊である。

大防潮堤は、高さ十メートル、全長二・四キロメートル。一九三四年から建設を始めて一九七八年に完成されたものである。総工費五十億円。「万里の長城」と呼ばれて、住民たちの自慢の種にもなっていたものである。そのおかげで数々の津波からは守られてきていたが、それも、M9の地震と津波には無力だった。巨大な津波は、人をのみ込み、家屋を押し流し、村や町を完全に壊滅させてしまった。

被害は、それだけにとどまらなかった。政府も電力会社も、幾重もの防御システムが装備されており、絶対安全である、と保証し続けてきていた原子力発電所も完璧に破壊されてしまった。

大自然の破壊力は、底知れない。わたしたち人間が思ってもいないときに、その荒々しい姿を突如現してわたしたちに襲いかかり、その営みを完膚なきまでに打ち壊し、わたしたち人間が内に抱えている根源的なもろさ、弱さを暴いてしまう。どんなに科学技術が進歩しても、想定外の大自然の力の前には無力である。

文明の発展は、確かにわたしたちに快適で便利な生活をもたらしてくれた。これからもわたしたちの生活をより快適でより便利なものにしてくれるだろう。しかし、文明が、どんなに発展しても、人生が「板子一枚下は地獄」とも言われている現実は変わらない。

過信は禁物である。わたしたちの日々は、常に危うさと隣り合わせである事実は不変である。文明の発展に溺れず、のみ込まれず、その中に潜むもろさ、危うさに鋭いアンテナを張り、警戒心を怠らず、どんなことが起ころうとも、自分の人生の歩みの主体性は奪われないような生き方を日々心がけるべきである。

10　災害大国

「日本は古来『災害大国』である」「大津波に対する緊迫感と想像力が欠けていたことが、事故の重要な要因の一つである」「被害が甚大な災害に対し、発生確率にかかわらず、安全対策に取り組む新たな防災思想が必要だ」

これは、福島第一原子力発電所が崩壊したことを受けた、政府の事故調査・検証委員会の最終報告書の中に盛られた提言である。防災思想の確立を訴えているのである。

確かに日本は災害大国である。毎年のように、梅雨時には集中豪雨、夏には台風に見舞われて、山間部の土砂は崩れ、河川は氾濫し、田畑は水浸しになり、家屋は押し流され、多くの人命が失われていく。また頻繁に地震も起こる。

自然の破壊力は、底知れず、わたしたちが想定する以上に大きい。その破壊力を甘くみ、油断してしまうと、取り返しのつかないことになる。

災害に対して甘かった具体例の一つが、福島の原発事故である。大津波が起こる確率が低いとかってに判断し、最善の対策を怠ってしまっていたのである。その背後には、災害の確率と出費を天秤《てんびん》にかけ、財政的負担を極力抑えようとしたもうけ主義がある。

事故は貴重な教訓である。事故調査委員会は、その教訓を生かして、「新たな防災思想」を育てていくことの必要性をあまねく呼びかけたのである。防災には、何よりもお金がかかるが、想定外の災害をも予想して、必要経費として、出費を惜しまないことである。それは、一人ひとりの個人だけでなく、自治体や利益を優先しがちな関連企業にも求められることである。

しかし、どんな対策を立てても、これだけ手を打ったから、絶対安全であるという保証はない。人間の力には限界がある。ひとたび災害に見舞われれば、それまでの満たされた生活は奪われ、苦しみと悲しみの闇の中に突き落とされてしまう。ところが、わたしたちの大半は、突然訪れてくる否定的な出来事には心の準備がないままに生きてきてしまっているのである。

しかし、人生はどんなに闇の中に突き落とされても、それで終わらない。人は、逆境によって試され、鍛えられ、その魂は磨かれていくものである。

「新しい防災思想」が求められる今、わたしたちが同時に育て深めなければならないものは、災害に打ちのめされるということも、人生の厳粛な一部であるという認識と、夢が打ち砕かれ、苦しみ抜くことにも価値があるという人生哲学である。

11　寄り添う

東日本大震災から五年がたつ。しかし、思いどおりに復興が進まず、いまだに仮設住宅での生活を余儀なくされている人々も少なくない。そんな人々を励ますために、「がんばろう」とか「明日を見据えて、前向きに」とかいうかけ声が、今もって飛び交っている。

それは善意の心からのかけ声にちがいないだろうが、災害に襲われた人々の心の傷は想像以上に深く、そうしたかけ声についていけない人々も、少なくないはずである。

人々を襲った地震は、観測史上最大のマグニチュード九・〇。十メートルを超える津波を引き起こし、一瞬のうちに、二万人を超える人々のいのちを奪ったり家屋を押し流したりして、人々の営みを完膚なきまで破壊してしまった。

その破壊的な恐ろしい力を直接目の当たりにした人々のそのときの恐怖心は、簡単に忘れることができるものではない。その心の奥に深く刻まれ、数十年たっても、夢の中でうなされてしまう人もいるはずである。

また、災害によって家族を失った人々の心の傷も、深いはずである。自分だけが生き残り独りぼっちになってしまった人もいただろうし、なかには自分の目の前で、子どもや、親あるいは親しい友人が津波にのみ込まれていくことを、どうすることもできなかった人もいたはずである。そんな人々は、拭いえない深い悲しみを背負い、深い寂しさを抱え、生涯、その寂しさから抜け出せない人もいるはずである。

さらにまた、津波が去った後の町や村の無残な光景を目の当たりにしたときの絶望感、やりきれなさも、無視できない。荒廃した大地、町や村を見て、茫然自失《ぼうぜんじしつ》、これからどう生きていったらいいか、前途が真っ暗になるような絶望感に覆われた人もいたにちがいない。

繰り返すようで恐縮だが、人々の心の奥深くに刻まれてしまったそうした恐怖心や悲しみ、孤独感や絶望感を拭い去ることは、容易なことではない。心の奥の傷、闇は、「がんばろう」「前向きに」というかけ声だけでは解消されない。それよりもずっとずっと深いものである。

ボランティアの人たちは、次から次に訪れて、またそれぞれの場に戻っていく。

具体的な奉仕や慰労は、被災者たちにとってはありがたいことにちがいないが、ボランティアの人たちが去った後も、その心の奥の深い傷、闇をその後も背負い続けなければならないのは、被災者たちである。

心は心によってしか癒やされない。息の長い、細やかな配慮と深い優しさがともなった信頼関係を育てていくことである。

第八章

国のこと

1　初めに人ありき

集団的自衛権法案を国会でとおし、さらに憲法改正などを目指す首相などが先頭に立っている国づくりの方向性について、賛同する人もいるだろうが、不安を抱いている者も少なくない。わたしも、不安を抱いている者の一人である。

賛同する者、不安を抱く者、それぞれに理由があるだろうが、その違いは、それぞれが国のありようについて抱いている価値観、そして人間観の違いによるものである。

自民党は、二〇一二年に憲法改正の草案を発表している。その序文から、自民党が、どのような国づくりを目指しているのか、その根底に潜んでいる価値観を読み取ることができる。自民党草案の序文の最初の文章の主語は、「日本国」である。まずは、日本を、長い歴史と固有の文化を持ち、国民統合の象徴である天皇をいただく国家として規定し、その枠組みの中で国民主権に言及し、国民には、国家の伝統の継承とその繁栄への協力を求め、最後に「良き伝統と我々の国家を末永く子孫に継承するため、ここにこの憲法を制定する」と結んでいる。そこでは、国民は、国の伝統の継承と発展のために位置づけられてしまっているのである。

国民主権や基本的人権については言及しているが、さらっと触れているだけで、近代国家の土台になっている基本的人権の根本的な意味、重要性を認識しているようには思えない。それは、関心の軸足が「初めに国ありき」の視点に置かれ、意識が国の存続と発展に置かれてしまっているためと思われる。

ところが、現行憲法は、それとは違って、明らかに「初めに人ありき」の視点に立っていて、国づくりの土台をはっきりと国民に置いている。

それは、序文の文章の大半の主語が国民になっていることからも明らかである。序文の文章全体が、国民の主体的な決意表明のような形を取っており、さらにそのうえ人間一人ひとりの尊厳を敬い大事にすることを「人類普遍の原理」とまで表現して、国家といえども侵してはならないものであるということを明示しているのである。それは、長い歳月をかけて欧米諸国が見いだした真理である。自民党の草案は、それに関心を示さず、国の発展・充実に目を向けてしまっているのである。

明らかに、自民党が目指す国家と現行憲法の軸足が、異なっている。人間一人ひとりのかけがえのなさのうえに立った憲法にとどまるのか、それとも国の発展に軸足を置いた憲法を制定するのか、憲法改正の問題は、わたしたち一人ひとりへの価値観の問いかけにもなっているのである。

2　国の防衛

現行憲法の序文は、「国の防衛」に関する決意を、次のような文言で表明している。

「恒久の平和を念願し、人間相互の関係を支配する崇高な理想を深く自覚するのであつて、平和を愛する諸国民の公正と信義に信頼して、われらの安全と生存を保持しようと決意した」と。この部分の英語訳は、次のようになっている。

"we have determined to preserve our security and existence, trusting in the justice and faith of the peace-loving peoples of the world."

"trusting in the justice and faith" となっているから、「国の防衛は世界の平和を愛する人々の正義心と信念に委ねる」という意味になる。平たく言えば、人々の善意に信頼して国を守る、ということになる。それは、世界の憲法の中でも非常にユニークで、大胆な決意宣言と言える。

国や民族のエゴイズムは、根深く、執拗《しつよう》で、恐ろしいものである。人類がこの地球の上に誕生して以来、これまで戦争や紛争がなかったときはない。また今も数多くの難民を生み出している中近東の民族紛争やさまざまな国が資源を求めて武力衝突に走ってしまっている世界の現実を見るとき、人々の善意を信じて自国を守ろうとする姿勢は、甘いと指摘されれば、それまでである。

それにもかかわらず、「軍事力に頼らず、人々の善意に信頼する」と宣言した現行憲法の背後には、戦争のむごたらしさと不条理さを肌で体験した第二次世界大戦直後の人々の、二度と悲惨な戦争を起こしたくない、という切実な思いが働いていたからに相違ない。

人と人とのかかわりの理想的な姿は、力に頼るのではなく、どこまでも相手を信頼し、誠実な対話によって育て深めていくことにある。それを、現行憲法は、「人間相互の関係を支配する崇高な理想」とも表現している。

武力による紛争の解決は、最も稚拙な選択である。国も人も憎しみの連鎖の輪に絡められ、自らの人生だけではなく多くの人の人生を狂わせ、地獄の道を突き進むことになる。

動物とは違って人間の人間らしさは、忍耐深い対話による相互の受容にある。国と国との問題を軍事力に頼らないということは、複雑な国際社会の現実を念頭におくとき、現実離れしているように思えるかもしれないが、崇高な理想の旗を降ろすべきではない。崇高な旗を掲げて国際社会に働きかけていく。そこに日本の役割があるのではなかろうか。この旗を降ろせば、日本は、世界の人々からのこれまでのような信頼を失い、並の国になり、必ず誰かを不幸にしてしまう道を歩むことになってしまう。

3　アジア諸国の憲法

近代国家はどの国も憲法を制定している。ところが、興味深いことに、それぞれの憲法の序文を比較してみると、欧米諸国とアジア諸国の間で、憲法の制定によって目指そうとしている国づくりに明らかな違いがあることに気がつく。

たとえば、中華人民共和国、大韓民国、ベトナム社会主義共和国などなどのアジアの国々の憲法の序文は、いずれも、自分たちの歴史に言及し、その伝統や文化の素晴らしさを誇り高く語り、幾多の困難を越えて今日にいたっている、と過去を確認したうえで、憲法制定を、国の発展に向けて位置づけているのである。

ところが、欧米諸国は、その序文で、憲法の制定は、人間の尊厳を尊び、人間の幸せに奉仕する国づくりを目指したものであることを明らかにしているのである。

実に欧米諸国の憲法は、「初めに人ありき」の視点に立っており、後者は、「初めに国ありき」の視点に立っているのである。その違いは、歴史的背景の違いにある。欧米諸国には、専制君主に苦しめられてきた歴史があり、アジア諸国には、列強によって植民地化されてきた過酷な過去がある。したがって、前者が、特権階級を排除して、人間がみな平等で、自由な存在であるという基本的人権を強調し、それに軸足を置いた憲法制定を目指し、後者が、祖国を植民地化した列強を駆逐し、自分たちの手の中に取り戻した伝統・文化を継承し、国全体の繁栄、発展を目指した憲法の制定になってしまっている。

自民党がまとめた改正憲法の草案も、この点でアジア諸国の憲法と同じ線上にある。

その序文は、「日本国は、長い歴史と固有の文化を持ち……」から始まり、「先の大戦による荒廃や幾多の大災害を乗り越えて発展し、（中略）」と続き、「良き伝統と我々の国家を末永く子孫に継承するため、ここに、この憲法を制定する」と結んでいるからである。

日本は、他のアジア諸国のように植民地化されるようなことはなかったものの、明治の開国以来、自分たちよりもはるかに進んだ欧米の文化・文明に圧倒されて、和魂洋才の旗を掲げ、「追いつけ追い越せ」をモットーに走り続けてきたのである。

そんな明治維新来のＤＮＡが、自民党の人々に受け継がれ、国の発展・繁栄に軸足を置いた憲法をまとめようとしているのではないか、とわたしには思われる。

しかし、一人ひとりが、国の発展のために位置づけられてしまうことは、危険である。その恐ろしさ、危うさを、戦前の軍国主義が日本全体を覆ってしまった時代を介してわたしたちは、みな体験してきている。人間一人ひとりの尊厳は、国よりも尊く、それは、憲法の中で絶対に明記されるべきものである。

4　人間の自由

　自民党の改正憲法には、基本的人権について、軽々しく見過ごすことができない、気になる点がある。それは、基本的人権に対する軽視である。

「生きる権利」「自由に生きる権利」などの基本的な人権について言及しているので、それを否定する意図がないことは、明らかである。しかし、基本的人権などが言及される箇所には、必ずと言ってよいほど、「公益」「公の秩序」によって制限されるという文言が、つけ加えられているのである。気になるのは、その点である。

「第12条　国民の責務――この憲法が国民に保障する自由および権利は、国民の不断の努力により、保持されなければならない。国民は、これを濫用してはならず、自由および権利には責任および義務がともなうことを自覚し、常に公益および公の秩序に反してはならない」

　同じようなことは、表現の自由を扱う第21条にも明記されている。

「公益」「公の秩序」についての判断は、国ということになってしまう。したがって、国にとって都合が悪い、危険だと判断されてしまえば、個人の言動が制限されたり抑えられたりしてしまうことになる。

また万一、社会全体の流れが、「伝統と歴史」「公秩序」のほうに軸足が動いて、社会全体がそれに引きずられるようなことにでもなると、その流れに逆らう人々や抵抗する人々は、危険人物、非国民というレッテルを貼られて、疎外されてしまうことにもなる。そうなると、「基本的人権」は蜃気楼《しんきろう》のように消え去ってしまう。

ところが、現行の憲法では、「公共の福祉に反しないかぎり」という表現になっている。

「第13条　国民の権利と義務――すべて国民は、個人として尊重される。生命、自由および幸福追求に対する国民の権利については、公共の福祉に反しないかぎり、立法その他の国政のうえで、最大の尊重を必要とする」

「公共の福祉に反しないかぎり」とは、他の人の幸せを踏みにじるようなことをしないかぎりと理解できる。その判断は、国家権力ではなく、司法に委ねられることになる。

実に歴史を振り返れば明らかなように、国の権力が、人の幸せを踏みにじる悪魔的な存在になってしまうことも、しばしばである。その反省から、三権分立が確立されてきているのである。

憲法には、権力の行使にあたって、国家権力が暴走しないように、歯止めとなる重要な役割も負わされているのである。憲法改正にあたって、権力を委ねられた者が、暴走しないような条項を、ぜひとも加えておくべきことなのである。

5　96条の重さ

現行憲法には、憲法改正のための手続きを定めた条項がある。96条である。政府が憲法改正をのぞむならば、国民にその是非を問うに先立って、両院の三分の二の賛成が必要である、という定めである。

しかし、「この規定は、ハードルが高すぎる」と声をあげる人も少なくない。また憲法改正をもくろむ人々の集まりからは、「民主主義社会なのだから、国民の代表の過半数の賛成があればよいのではないか」という声も漏れ聞こえてくる。

しかし、こうした発言には、民意について安易な信頼と憲法の重さについての認識が欠如しているように思われる。

まず民意である。民意というものは、実は、それほど信頼できるものではない。民主社会にあっては多数決が物事を決めていくための最も無難なものさしになっているが、しかし、現実を見れば、そのときの流れや雰囲気によって左右されてしまう民意もあれば、目先の利害に動かされた民意もある。

たとえば、知名度が高いという理由だけでスポーツ選手やタレントたちを圧倒的多数で当選させてしまう民意もあれば、またヒトラーのような独裁者を圧倒的な多数の支持で国のリーダーとして選んでしまった民意もある。

憲法は国の土台となるものであるから、その改正のためには、一時の感情に流されない、時間をかけた、冷静で真摯な議論の積み重ねが求められるべきである。社会の営みのために必要な一般の法律の改正には、時代の変化や新しい社会の必要に応じた迅速な対応が求められるから、過半数の賛成で十分である。もし、三分の二の賛成が必要だということになれば、社会が停滞してしまうおそれがあるからである。

しかし、憲法は、国のありようの枠組みになっているものである。もし、憲法が二分の一の賛成で変えられるようになれば、政権にとっては都合がよいことになる。というのは、政権は、ほとんどの場合、衆院の過半数の賛意によって成立しているからである。

わたしたちは、世界各地で、民主的に選ばれた権力者が、一度政権の座についた後、いつの間にか独裁者となり、国民を苦しめてしまう悲しい姿を、何度も見てきている。

実に、憲法は、国の責任者たちにも、超えてはならないものがあることを示す条文であり、96条は独裁政権を生まないための知恵なのである。

6　集団的自衛権

首相は、国を守るため、そして積極的に世界の平和に貢献するためという口実のもとに、集団的自衛権を国会で成立させてしまった。しかし、その結果、戦後七十年、海外での武力行使を禁じてきた現行憲法に風穴を開けてしまったという事実は、否定できない。

ここでいわれた集団的自衛権とは、「自国と密接な国」が武力攻撃された際に、自国が攻撃されていなくとも、武力をもってその攻撃を阻止する権利である。日本の場合「密接な国」とは、具体的にはアメリカになる。もし、万が一、アメリカが攻撃された場合、これからは、たとえ日本が攻撃されていなくとも、その攻撃を阻止するために自衛隊を派遣することができるということになる。

これまで厳密な意味で日本が攻撃を受けた場合という想定のもと、専守防衛のためにその存続を認められてきた自衛隊が、これによって日本が攻撃を受けた場合という明確な歯止めをなくし、他の国の戦争にも派遣されてしまう道が開かれ、

「密接な国」の戦争に加わってしまうことにもなる。

この集団的自衛権は、万が一のときには、日本と条約を交わしている「密接な国」が助けてくれるという意味で外交的な抑止力になる、と肯定的に評価することもできなくはないが、しかし、それは、決して積極的に世界の平和に貢献することではない。

もし、世界の平和に積極的に貢献したいと思うならば、「密接な関係」にある特定の国を想定した集団的自衛権ではなく、百九十か国以上が加盟している国連の集団的自衛権についての理解を深めていくことである。

現実的には、国連は、加盟国の利害や安全保障理事会の主要メンバーである大国などの利害関係が対立し、必ずしも世界各地の紛争や武力衝突を解決するために効果的にその役割を果たしているとはいえないが、それでも国連憲章と国際法に基づいて世界平和の維持のためにかかわろうと努めている。紛争地域への軍の派遣も、一応安全保障理事会で検討、決議され、その決議のもとに参加国に要請されている。国民感情や自国の損得の打算のうえでの軍の派遣とは明らかに違う。

もし、積極的に世界の平和に貢献したいと願うならば、国連の創立時の崇高な理念とその憲章の理解を深め、国連の理念に土台をおいた集団的自衛権の道を選択すべきである。国家主義的なうさんくささがともなう安倍首相の積極的平和主義は、噴飯ものである。

7　歯止めになるもの

実に、アメリカは、さまざまな口実のもとに、海外に軍隊を派遣してきている国である。第二次世界大戦後だけでも、二、三年おきに、海外に派兵している。大戦直後の一九四六年には中国へ、一九五〇～五三年は、朝鮮半島へ、その後、グアテマラ、インドネシア、キューバ、ペルー、ラオス、ベトナム、ソマリア、ボスニア、アフガニスタン、クウェート、イラクなど。

その対象地域も、アジアから始まって中南米、アフリカそして中近東である。オーストラリア以外のほとんどの大陸に軍隊を送っていることになる。このような国は、世界には、どこにも見られない。その回数も突出している。

それを正当化する理由・動機は、使命感といっても大げさではない。共産主義の浸透から世界を守らなければならないという使命感、独裁者によって虐げられて祖国を失ってしまう人々を助けなければ……、という使命感、民主主義的な国家の創設に貢献しなければならないという使命感である。

しかし、その裏で、ひそかに、アメリカの企業にとって貴重な資源を守るという損得感情が後押ししている場合もある。

そんな国と同盟関係をもつ日本が、海外での武力行使は違憲であるというこれまでの憲法判断を覆して、「我が国と密接な関係にある他国に対する武力攻撃が発生し、これにより我が国の存立が脅かされ、国民の生命、自由および幸福追求の権利が根底から覆される明白な危険がある場合において、（中略）必要最小限度の実力を行使することは、従来の政府見解の基本的な論理に基づく自衛のための措置として、憲法上許容されると考えるべきである」という判断のもとに、集団的自衛権を成立させてしまったのである。

これまでは、日本は、憲法が歯止めになって、アメリカの、自衛隊派遣の要請を拒むことができていた。ちなみに、ベトナム戦争の際、アメリカと同盟関係にあるオーストラリアや韓国などは、軍隊をベトナムに派遣し、数多くの戦死者を出してしまっているのである。日本は幸い、憲法が歯止めになって派遣しないですんできた。

しかし、歯止めを取ってしまったこれからは、そうはいかない。自衛隊の派遣の要請を断ることができなくなって、日本も、人のいのちを奪う道を歩んでしまうおそれが出てきたのである。

8　ＴＰＰ

「ＴＰＰ」を国会で承認するか否かについての審議のため、野党が求めた交渉資料が、すべて黒塗りのまま特別委の理事懇談会に提出された。タイトルがあるだけで、内容がまったく分からない代物だったという。さらにまたＴＰＰの担当責任者だった甘利氏とフロマン米通商代表部代表の会談記録も、すべて黒塗りのまま提出された。

野党の抗議を受けて、「公開しないという国と国との約束は絶対に逸脱できない」と国と国との約束を盾に、自民党の国会対策委員長は黒塗りの理由を説明しているが、そこには国家主権と民主主義の根幹をむしばむ危うさが見え隠れする。

アメリカの議会でも、ＴＰＰの中身についていまだに議論されておらず、それは二〇一七年の大統領選挙の後に先送りされて、日本と同じように多くの議員たちにはその中身が知らされていないという。

ＴＰＰは、太平洋を取り巻く国々の間で経済の一体化を進めるために、農産物や工業品などの関税を撤廃することなどを目指しているものである。その対象とする項目は、特許、著作権、食の安全、財政規律、人の移動、医療制度、エネルギー政策、環境規制、労働規制など広範囲に及ぶ。それらは、国内の関係者の利害に直接影響を及ぼしてしまうおそれのあるものである。その是非に関しては、本来は、オープンに国民の代表者たちによって議論され、定められていくべきものである。もし、議員たちにも、十分な情報が与えられず、議論されないままに国家間の間で決められてしまうならば、それは国家主権に抵触することにもなる。

いずれ、アメリカ議会でも、ＴＰＰの是非については徹底的に議論されることになるはずである。ＴＰＰに関しては大統領の与党の議員の半数以上も反対しているという。米国は三権分立が徹底している民主主義の国だから、議会で本気の議論が始まれば、議員たちは黒塗りの資料では納得するはずがない。いずれ交渉の過程がすっかり明るみに出てしまうことになるだろう。そのとき、恥をかくのは黒塗りの資料を提出した日本政府である。

政府が、ＴＰＰはこれからの国際社会が共存していくために必要だと確信があるならば、反対意見を恐れずに、堂々とその必要性を訴え、理解を求めていったらよいのである。そうしてこそ民主主義は成熟していくものなのである。

第九章

世界のこと

1　国境なき医師団

アフガニスタンの政府軍を支援する米軍の空爆によって、「国境なき医師団（MSF）」のスタッフ十二人、子ども三人を含む患者七人の計十九人が死亡し、三十七人が負傷した（二〇一六年二月）。その場にいた目撃者たちは、医師団が支える病院の集中治療室、救急処置室、物理療法病棟の入った建物が、繰り返し、正確に爆撃された、と証言している。

タリバン掃討作戦の一環でなされたその空爆に関して、空爆の責任者たちは、さまざまな理由を述べて、弁明しているが、どんな弁明も、奪われた人々のいのちの尊さのまえには説得力がなく、その行為は誰の目にも、非人道的な行為として映る。病院を奪われた近隣の住民たちも、米国への憎悪をつのらせたにちがいない。

「国境なき医師団」のスタッフたちは、訪れてくる患者たちを差別せず、一般市民だけでなく、民族や宗教、政治的志向には関係なく患者を受け入れ、無料で治療を行っていた人々である。たとえ、タリバン兵であろうが、病院の外に銃を置けば、受け入れて診察している。誰も拒まず、患者たちと誠実にそして真剣に向き合い、その傷を癒やし、いのちを救おうとして必死になって立ち向かっている。その活動を支えているものは、人間一人ひとりのいのちは、かけがえのない、尊いものであるという信念である。

空爆は、その反対の極にある行為である。それを支えているものは、「社会の安寧で、平和を乱すものは、危険な存在であり、危険な人物は排除しなければならない」という論理である。自分たちの視点に立った強者の論理、正義に基づいている。

人間一人ひとりのかけがえのなさには、まったく関心を持たない。敵対するタリバン側の兵士にも、それぞれに親、妻、そして子どもがおり、一人ひとりがどれほど多くの人とつながり結ばれて生きているかには、まったく関心がない。あるのは敵か味方かだけである。

さらにまた、空から爆弾を投下した者たちには、爆撃されて、傷ついて苦しみもがく人の痛みと叫びは届かず、いのちを奪われた人の悲惨な姿も見ないですみ、罪悪感に悩まされないですむ。ゲーム感覚で終わってしまう。

しかし、強者の一方的な「正義と力の論理」は、弱者の不満、不信、憎しみを生むだけである。たとえ力ずくで平定し、秩序を取り戻したとしても、弱い立場に置かれた人々の心の奥に芽生え、蓄積されていく憎悪の炎を消すことはできない。

今、世界が学び育てなければならないものは、国境なき医師団を支えている哲学、信念ではなかろうか。

2　ナショナリズムの壁

人間一人ひとりは尊く、すべての人間は、みな自由で、平等で、幸せになる権利があるという真理は、人類が長い歴史の中で尊い血を流しながら、勝ち得た普遍的な理念である。しかし、それが、今や、押し寄せる難民に困惑する人々の気持ちの高まりによって吹き消されてしまいそうな危うい状態になってしまっている。

たとえば、ドイツ。憲法の第一条で「人間の尊厳は不可侵である。これを尊重し、および保護することは、すべての国家権力の義務である。ドイツ国民は、それゆえに、侵すことのできない、かつ譲り渡すことのできない人権を、世界のあらゆる人間社会、平和および正義の基礎として認める」とうたっているが、そんなドイツでも、受け入れの数を制限すべきである、と声をあげる人々や難民の収容施設に暴力をともなう威嚇行動に走る者たちが、目に見えて増えてしまっている。

米国でも同様の傾向が見られる。「人間は神の前でみな平等である」という建国の理念を否定するようなナショナリズムが高まっている。それは、自分が大統領になった暁には、メキシコとの国境ぞいに壁を造ると発言する人物が、多くの支持を受けるようになってしまっていることからも、明らかである。

異なる肌、異なる言語、異なる宗教、異なる生活習慣の人々を、寛容に、忍耐深く、受け入れていくことは、易しいことではない。生理的に反発すると同時に不安におびえてしまう人のほうがはるかに多い。さらに失業率の高い国々では、それに自分たちの職が奪われるのではないかという不安も、加わる。

そこで排除したいという思いが合わさってナショナリズムが高まり、その高まりによって人類が勝ち得た崇高な真理は風前の灯のようになってしまっている。

しかし、その危うさは、実は、近代国家の誕生の際にすでに内包されていたのである。

それは、近代国家が、人間は平等であるという旗を掲げながら、同じ言語、歴史、伝統、風習などを共有する者たちの間で構築されてしまったことにある。そのため人権の普遍性が、国家の枠の中に押し込められてしまったのである。たとえば、国内で人のいのちを奪えば司法で裁くとしながら、敵国の兵士を戦場で殺害したときは、勲章を授け、たたえるということにみられるように。

急増する難民の問題は、世界全体に、国家の相対性を見極めて、損得を超えて、人間一人ひとりの尊厳の普遍性の旗を掲げ続けることができるか否か、非常に難しく、重い課題を突きつけているのである。

3　ヘイトスピーチ

数日まえのことである。たまたま東京の新大久保通りの近くに用事があってJR大久保駅の改札口を出た直後、ヘイトスピーチを繰り返すグループに遭遇した。スピーカーからは、その辺りに生活する在日韓国の人々に向けた憎悪に満ちた、聞くに堪えない言葉が飛び出していた。

差別されるがわの心の痛みやつらさ、さらに恐怖心は、差別されるがわの立場に立たないと分からないだろう。わたしにも、実は、五十数年まえイタリアに留学した際、アジア人ということで、差別され、汚い言葉を浴びせられ、仲間はずれにされてしまったつらい経験がある。

人種差別は、日本だけでなく、今もなお現代世界でいたるところに生きており、ささいなことがきっかけとなって表に吹き出してきている。ヨーロッパのサッカーチームに加わった日本人選手の中に、地元のサポーターたちから人種差別の言葉を投げつけられた者もいたというニュースも、漏れ聞いている。

しかし、ヘイトスピーチは、相手の心の中に怒りや憎しみの種をまいていく。それがマグマのようにたまっていけば、いつの日か怒りの炎となって爆発し、相手を否定し合うような破壊的な行動となって、表に吹き出してしまうおそれもある。その規模が大きくなれば、民族紛争にまでなってしまう。

民主国家は、「人はみな平等で尊い」という自覚のもとに構築されているはずだが、どれほどの人が、人間一人ひとりの尊さについて、腹の底からの確信をもっているだろうか。

この点で、キリストの姿勢は明確である。キリストが登場した当時のユダヤ社会は、いたるところに差別が生きていた。選民意識からの異邦人に対する差別、おきての重視からの罪人たちへの差別、浄・不浄による重い皮膚病を患う病人たちに対する差別……。そんな社会の中で、キリストは、弱者、少数者の立場に立って、「これらの小さな者の一人でも滅びることは、あなたがたの天の父の御心ではない」（マタイ18・14）と語って、人間一人ひとりの尊さについて訴え続けて、生涯を終えたのである。

キリストが投げかけたメッセージは、血筋、肌の色、性、学歴、能力、国籍、宗教などで今なお人と人とが差別し合っている現代世界にあっても新鮮である。

第十章

キリスト教のこと

1　日本人のクリスマス

日本社会の人々は、キリストの誕生を、どのように受け止め、迎えようとしているのだろうか。

十二月二十五日が近づくにつれ、街中にはクリスマスソングが流れ、街中を行き交う人々の足取りも軽やかになる。クリスマス・イヴともなれば、ふだん仕事に忙しい父親たちも、小脇にケーキを抱えて家路を急ぐ。実に、クリスマスには、人々は、きらびやかな光につつまれて、軽やかな幸せ気分に酔いしれる。

しかし、キリストの誕生は、そんな「浮かれた幸せ気分」とは無縁な出来事なのである。その誕生には、現代社会の人生観・価値観に真っ向から対立するメッセージが込められている。

そのメッセージをくみ取るためには、キリストの誕生について語るルカ福音書が、その冒頭にローマ皇帝の名を記していることに注目してみることである。「そのころ、皇帝アウグストゥスによって」と。そこには、ルカ福音書の明確な意図がある。キリストとローマ皇帝とを対比するためである。「アウグストゥス」とは本名ではない。称号である。東はユーフラテス河から西はイングランドまでに及ぶ広大な帝国を完成した皇帝オクタヴィアヌスに元老院が贈った称号で、「生ける神」という意味がある。彼のおかげで世界は統一され、世界の主要道路はローマにつながれて、ローマは空前の繁栄に酔いしれた。歴史家たちは、それを「ローマの平和（パックス・ロマーナ）」とも呼んだ。

ルカは、そんなローマ皇帝とは対極に、ユダヤの寒村ベツレヘムで赤貧のうちに誕生するキリストを位置づけたのである。

一方、権力の頂点に立ち、富と人々の賞賛につつまれたローマ皇帝、一方に極貧の中に誕生し、素朴な羊飼いたちに囲まれるキリスト。ルカ福音書はどちらが神の子か、どちらが人々の真の希望となるのか、読者に問いかけているのである。

ローマ帝国は、世継ぎ問題で内側から腐敗し、人々の心は離れ、滅んでいく。ところが、極貧のうちに生まれたキリストを慕う人々は増えていく。なぜか？キリストの武器は、剣ではなく愛であり、人々は、キリストの全身からあふれ出る損得を超えた真実な愛に惹《ひ》かれたからである。愛を貫くことに神の子としての証しがある。

2　エクレジア

　わたしは、常日ごろ、「教会」という呼称に疑問を持っている。というのは、「教会」という言葉の訳だと、一般の人々には、「教え」を中心とした「共同体」であるかのような印象を与えてしまうからである。

　日本語に訳された「教会」という新約聖書のギリシア語の原語は「エクレジア」である。そこには、「教え」のニュアンスはまったくない。

「エクレジア」は、使徒たちが各地の信者たちに宛てた手紙の中で、頻繁に使われており、いずれも「教会」と訳されている。しかし、残念なことに、聖書の中には、どのような共同体を意味するのか、詳しい説明はどこにも見あたらない。

が、パウロが、コリントの信徒たちに宛てた手紙の冒頭の挨拶の中で「エクレジア」について言及している箇所がある。そこから「エクレジア」がどのように理解されていたか、推察できる。

「コリントにある神の教会へ、すなわちいたるところで、わたしたちの主イエス・キリストの名を呼び求めている、すべての人とともに、キリスト・イエスによって聖なる者とされた人々、召されて聖なる者とされた人々へ。」（一コリント１・２）

つまり、パウロは、「エクレジア」を、「キリストの名を呼び求めている人々」の共同体としているのである。つまりキリストに出会い、その魅力に惹《ひ》かれ、そこに自分の人生を支え照らす光と力を見いだして、人生を根底から変えられた人たちの共同体ということである。

「キリストの名を呼び求めている人々」とは、たとえば、具体的に、罪女と言われる女性（ルカ７章）、過去に五人の夫がいたが、今また別の男性とつき合っているサマリアの女性（ヨハネ４章）とか、七つの悪霊に憑《つ》かれていたとされるマグダラのマリア（マルコ16章）などの名をあげることができる。

彼女たちは、いずれも、その当時の社会では、汚れた人間として人々からは白い目で見られ、差別され、片隅に追いやられていた人々である。彼女たちは、キリストに出会って、キリストの存在全体から発信してくる、一人ひとりと心を込めて向き合おうとする誠実さや温かさ、優しさに惹かれたにちがいないのである。識字能力などに恵まれていなかった彼女たちが、その教えに惹かれたはずはないのである。

実に「エクレジア・教会」は、柔和謙遜で、「労苦する者、重荷を負う者はみな、わたしのもとに来なさい。休ませよう」というキリストに惹かれ、人生を変えられた人々の共同体と理解して間違いではない。教えの重要性を否定するつもりはないが、教えをあまりに強調しすぎると、知的な素養のない人々には、近づきがたい存在になってしまう。

3　パウロの手紙

世界で最も読み続けられてきた手紙、そして世界に最も大きな影響を与えた手紙といえば、おそらく新約聖書の中のパウロの信者たちに宛てた手紙だろう。彼の手紙は、時代を超え、国や民族の壁を超えて今も読みつがれている。彼の手紙には、それだけの魅力がある。

その魅力の一つは、宗教者としての彼の姿勢にある。彼が、自分の若いときの過ちを隠さず、それを赤裸々に人々に語っていることにある。自分の罪深さや過ちを隠さずに、人々の前に立つことは、指導者にとって容易なことではない。しかし彼は、その姿勢を崩さなかったのである。

彼は、古代ローマの属州キリキアの州都タルソス生まれのユダヤ人で、若くしてエルサレムに上り、律法を学び、律法学者としての歩みを始め、生前のキリストには出会っていない。彼が一人前になったときは、すでにキリスト教が誕生していた。

彼にとっては、「義人ではなく、罪人を招くためにきた」と人々に語り、罪人たちや汚れた人々と交わるキリストの言動は、聖なる神に対する冒瀆《ぼうとく》以外の何ものでもなかった。

律法学者としての彼は、そんなキリストを信じる人々を黙って見過ごすわけにはいかない。自らが思い描く神を守るために、キリスト教の弾圧の先頭にたったのである。

しかし、そんな彼が、弾圧に向かう途上で、復活したキリストの呼びかけを受け、キリスト教に改宗し、キリスト教の理解を深め、キリストについての最も雄弁な語り部になり、指導者になっていったのである。

しかし、教会の中には、キリスト者になるまえの彼の言動に疑いを抱き、その過去をゆるそうとしない者がいる。当然なことである。そうした人々に彼は、自らを隠すことなく、ありのままをさらけ出したのである。

「あなたがたは、わたしがかつてユダヤ教徒としてどのように振る舞っていたかを聞いています。わたしは徹底的に神の教会を迫害し、滅ぼそうとしていました」と。

しかし、彼は、神の真の姿を見極め、「罪が増したところには、恵みはなおいっそう満ちあふれる」（ロマ5・20）という確信を得るのである。

キリストの教えの真髄は、実に人間として罪深さをゆるす神へのまったき信頼にある。宗教者が自らの罪深さを隠そうとするときは、宗教者としての真実を失うことにつながる。

彼は、自らの罪深さを認めながら、神の優しさを信頼し、神に委ねて生きる道を歩んだのである。罪は、神につつまれ、救われていくための妨げにはならない。妨げは、自暴自棄になり、絶望し、生きることを諦めてしまうことにある。

4

虫

夏の暑さが過ぎ去り、秋の訪れとともに、鈴虫やコオロギといった秋の虫たちの涼しげな音色が、わたしたちの心を和ませてくれるようになる。わたしたち人間は、そんな虫たちを歓迎し、愛《め》でる。しかし、そんな虫たちは、虫たちの中のエリートであり、虫たちの中のほんの一部にすぎない。残念ながら、我々人間は、ほとんどの虫たちを、蔑みの対象にしてきてしまっている。

「虫」という言葉には、まずは「弱々しい、価値がない、蔑視すべき」というイメージがついてまわる。「おまえは弱虫だ」、「おまえは泣き虫だ」、「あいつは蛆《うじ》虫《むし》のようだ」などなどと。いずれの言い回しにも、上からの目線で弱者を決めつけてしまう、強者のおごりが込められている。またそこには、人生に挫折し、自暴自棄になって、酒に溺れたり薬に走ったりなどしてしか生きていけない人に対する蔑みがある。

また「虫けらのように蹴散らす」という表現もある。そこにも強者の視点があらわである。馬にまたがって敵陣営に飛び込んでいく武将たちの威勢のよい姿と、抵抗もむなしく打ち倒されていく無名の兵士たちの哀れな姿が浮かび上がってくる。

財産や能力に恵まれ、人々の賞賛に値するような働きをしたりするものたちは、決して「虫」とは言われない。実に「虫」と決めつけられてしまう人たちは、能力に恵まれず、さまざまな失敗と挫折を繰り返してしか生きていけない、弱者にかぎられている。

しかし、聖書の世界の価値観は、人間社会のそれとは同じではない。神が顔を向け、手を差し伸べていく相手は、世間の人々からは「虫けら」として決めつけられてしまう人々である。詩編にも、無視された人々の叫びが、記されている。「わたしは、虫けら。とても人とは言えない。人間の屑、民の恥。わたしを見る人はみな、わたしを嘲笑《あざわら》い、唇を突き出し、頭を振る。」（詩編22・7、8）

そんな人々を顧みるのが神である。

踏み潰される人々は、生身の人間である。当然、痛い、苦しい、つらいと叫びをあげる。その叫びを無視できず、その傍らに駆け寄っていく。それが、神なのである。

実に神は、「思い上がる者を打ち散らし、権力ある者をその座から下ろし、身分の低い者を高くあげ、飢えた者をよいもので満たす。」

実に神の前で大事にされる者は、弱者である。実に宗教の世界のものさしは、一般社会のそれとは正反対の極にある。

5　神らしさ

　キリストの生涯をまとめた福音書は、わたしたちの人生を照らす豊かな光に満ちていて、わたしたちを引き寄せるが、同時にわたしたちの常識の枠では捉えきれないエピソードを幾つも記していて、それがわたしたちに戸惑いを与え、聖書理解を難しくしている。

　その一つが、十字架の上でキリストが息を引き取った直後の、「実に彼は神の子だった」（マタイ27・54）という百人隊長と彼と一緒に見張りをしていた兵士たちの証言である。

　それが常識を超えた証言だというのは、十字架は見せしめを兼ねた極刑であり、誰が見ても、そこに神の力強さや輝きを見ることができないからである。何を根拠に、彼らは、キリストを神の子と宣言したのであろうか。

　当時の人々が、神の中に求めていたものは、力強さである。ちなみに、ローマの人々が神とあがめていたものは、皇帝である。人々は、広大な地域を統合し、ローマ帝国を確立した皇帝に「生ける神」という称号を与えていた。彼の力強さに魅了されていたからである。

またキリストの抹殺を謀ったユダヤ社会の指導者たちや群衆が思い描いていた神も、天地万物の主宰者、地上のすべてをつかさどる力強い神である。

事実、人々は、十字架上のキリストに向かって「『神殿を壊して三日で建て直す男だ。もし、本当に神の子なら自分で自分を救え。十字架から降りよ』」と嘲りの言葉を浴びせている。もし、その嘲りにこたえて、キリストが、十字架から降りて、人々と毅然《きぜん》と向き合えば、人々は驚き、「神の子だった」と受け取ったかもしれない。

しかし、キリストは、無力のまま息を引き取っている。誰が見ても、十字架の死から、神の力強さは現れず、神の子であることの証しを見ることはできない。

しかし、そんなキリストを、百人隊長たちは「神の子」と証言したのである。彼にその確信を与えたのは、キリストの生き様だったと思われる。

彼は、軍の責任者として捕縛から始まり、息を引き取るまでのキリストの言動の一部始終を見ていたはずである。剣を抜いて兵士たちに抵抗しようとする弟子たちに剣を納めるよう戒めたり、自らを十字架に釘づける兵士たちのためにゆるしの言葉を口にしたり、傍らの強盗の一人には慰めの言葉をかけているキリストを見て、感動したにちがいない。神の証しは、愛にある。愛を貫くキリストを見て、彼は、キリストを神の子と証言したのではないかと思われる。

6　一神教？

ジハードと称されるテロ事件や自爆行為が、世界各地に広がり、人々を恐怖に陥れている。また中近東の世界では、いたるところで民族紛争も勃発し、多くの難民を生み出し、その対応にヨーロッパ社会全体を大きく揺さぶってしまっている。いつそれがやむか、誰も予想できないでいる。

そうした事件や紛争の背後には複雑なさまざまな事情があり、多くの識者たちがそれぞれの視点からその要因の分析を試みているが、日本の識者の中に、彼らの宗教が一神教の神であることと無関係ではない、と指摘する者も少なくない。一神教の神には、仏教や神道とは異なって、他の神の存在を認めようとしない独善性、排他性があるからだという。しかし、わたしには、それはあまりに短絡的な発想のようにしか思えない。

そうした識者たちの論拠は、旧約聖書と西欧のキリスト教の過去の歴史にある。確かに旧約聖書の中では、人間の罪に対して、妥協をゆるさない怒る神が、目につく。また、キリスト教になってからは、異端者を火あぶりにしたり、十字軍や植民地時代の、異なる宗教を徹底的に弾圧したりした歴史が目につく。いずれも神の名で正当化されている。表面的に見れば、狭量で独善的な神ということになる。

しかし、歴史を改めて冷静に検証してみれば、旧約聖書の中であれ、過去のキリスト教の世界であれ、そこに見られる独善的で排他的な神の姿は、神の本質ではなく、民族や国民の一体感・統一感を高揚するためとか、教勢拡張のためとか、あるいはまた社会秩序と安寧を維持するためとかの、さまざまな理由で人間がつくりあげた神の姿にすぎないことが、分かる。

神が独善的で排他的でないことは、キリストの言葉からも明らかである。実にキリストは、「剣をさやに納めなさい。剣を取る者はみな、剣で滅びる」（マタイ26・52）と弟子たちを諌《いさ》めたり、「悪人に手向かってはならない。誰かが右の頬を打つなら、左の頬をも向けなさい」（マタイ5・39）と人々を諭したりして、一人ひとりの未熟さや罪深さを理解しながら、その良心に訴え、その決断を忍耐深く待つことを教え、「目には目を、歯には歯を」という論理を、排除しているのである。

そんな生き方を貫いたキリストの神が、排他的・独善的であるはずがない。神の名を使って自らの行動を正当化して、神のイメージをゆがめ、神についての誤解を与えてしまった人々の罪は重い。

7　The保険

今やわたしたち日本人がかける保険は、多岐にわたる。身近なところでは、自動車保険、火災保険、傷害保険や医療保険、介護保険や生命保険、さらには海外旅行保険、留学保険などなど、さまざまである。最近では、ネット保険やペット保険まで生まれている。

保険は、巨大に発展してしまった消費社会が生み出した産物である。

巨大に発展した消費社会の中で、生きていくために前提になるものは、いうまでもなく「金」である。「金」がなければ、惨めな人生を余儀なくされてしまう。食べていけない、住む場所は不安定になる、ガス・電気・水道など生活に必要なものも得られない。生活設計も立てられない。結婚もままならず、子どもの教育も難しくなってしまう。

そのため誰もが「金」を得るために必死になる。職探しに血眼になり、就職してからは、どんなに疲れていても、そしてまたどんなにつらくても、職場に足を運ぶ。怠ければ、生活できなくなる、という厳しい現実を知っているからである。自分の人生は自分で支える。それが消費社会を生み出した産みの親、資本主義社会の大原則である。

しかし、現実は過酷であり、残酷である。これだけ努力したからと言っても、そのまま人生が保障され、安定するわけではない。一瞬先は闇である。いつ、どこで、何がきっかけで、歯車が狂ってしまうか、誰にも分からない。地震があり、津波があり、事故がある。体力も衰える。病も老いも避けられない。生涯にわたって、すべての営みを自分の手のうちに収め、自分の望むようにコントロールすることは、不可能である。

そんな人間の限界を補うのが、保険である。しかし、保険も万能ではない。保険ですべてを補えるわけでもないし、完全に信用できるものでもない。過去には保険不払い事件があったし、国の社会保険制度も揺らぎ始めてしまっている。

実に、人生は「金」では支えきれず、自分の力でも支えきれない。キリストは、人間が、「何を食べ、何を飲み、何を着ようか」と生涯思い悩むことを知って、「思い悩むな」と人々を諭す。その根拠は、すべての人間の営みは、神の手にあるという真理である。

無論、「働かなくていい」ということではない。精いっぱい働き、精いっぱい努力しながら、日々父なる神の手に委ねながら生きなさい、ということである。

神は絶対的存在である。信仰者にとって神は究極の保険、「The 保険」なのである。

8　過ち

映画「天使と悪魔」（原作は「ダ・ヴィンチ・コード」のダン・ブラウンである）を観てきた友人が言う。「聖職者が、教会のためという口実のもとに自分を正当化し、ゆるしがたい罪を犯している。神こそいい迷惑だろう」と。

映画の主人公は、教皇秘書を務めていた聖職者である。彼は、「科学技術の発展は神の領域を侵し、究極には人類を不幸にしてしまう。神と教会そして世界を、科学万能主義の毒から守らなければならない」という信念から、科学技術の発展に理解を示す教皇や次期教皇候補者たちのいのちを次々と奪っていく。

主人公は、「神」に奉仕していると自負し、「神」の名を汚し、「神の領分」を侵すと思える者を、排除しなければならないという使命感に燃えてしまっていたのである。

「神の名」のもとに正当化される破壊と殺戮《さつりく》。それは、決して新しいことではない。これまでカトリック教会も、歴史の中で、繰り返し行ってきてしまったことである。

たとえば、十字軍。聖地奪還の旗のもとに行く先々でイスラム教徒やユダヤ教徒にどんなに残虐な殺戮を行ったかは、歴史の資料を見れば明らかである。同じようなことは、植民地主義と結びついた中南米での宣教活動でも行われている。

十字軍を呼びかけた教皇やそれに加わった兵士たちも宣教師たちも、みな、神を信じていた者たちである。神のため、キリストのため、教会のため、という使命感に燃えていた人々である。問題は、その神への信仰が、残虐な行為に対する歯止めになっていないどころか、その行為を正当化してしまっている点にある。それは、原理主義的な宗教者の陥りやすい過ちである。

そうした過去の教会の過ちを認めて、公にゆるしを求めたのが、ヨハネ・パウロ二世である。彼は二十一世紀を迎えるにあたって、カトリック教会が世界の人々の信頼を勝ち得るためには、過去の過ちを直視し、真摯にゆるしを願わなければならないという思いから、ゆるしを願ったのである。

神が暴力や殺戮を望むはずがない。キリストは、「小さな者の一人でも滅びることは天の父のみ心ではない」（マタイ18・14）、とか「小さな者の一人をつまずかせる者は、大きな石臼を首に懸けられて深い海に沈められるほうがましである」（マタイ18・6）と言って、人間一人ひとりの尊さを訴え続けたのである。

「神」の名を使っていても、自らの行動を正当化しようと、人のいのちを傷つけたり奪ってしまったりする者の神理解は、眉唾物である。「神を信じる」と自負する者の暴力行為は、たとえどんなに崇高な理由があろうとも、真の神やキリストに対する裏切り行為であり、神やキリストを悲しませる行為である。

9　浄化

カトリック教会の聖職者による子どもたちへの性的虐待事件を取りあげた映画「スポットライト」が、アカデミー賞を受賞し、日本各地で上映されている。

教会が糾弾される要因の一つは、聖職者たちの上司にあたる司教たちが、その事実を知らされながら、被害者たちの痛みに配慮せず、教会の体面を守ることに腐心して、人事異動によって問題を闇に葬り去ろうとしてきてしまったことにある。

映画は、アメリカのボストン教区内で起きた問題に光をあてたものだが、それは、アメリカの一部の司祭、司教の責任としてすましてしまうことができるものではなかった。その後、世界各地の教会で同じことが行われていたことが、次から次へと表沙汰になってしまった。そもそも罪を隠蔽することは、教会の本質でないはずである。教会は、罪人の集まりである。初代教会においては、キリストを裏切ったペトロも、教会を迫害していたパウロも、自らの過ちの隠蔽はしていない。それどころか、福音書も使徒言行録も、その過ちを隠すことなく語り伝え続けてきているのである。

事件を隠蔽し、表向き「聖なる教会」を装うことは、教会を「外側は美しく見えるが、内側は死者の骨や汚れに満ちた白く塗った墓」にしてしまうに等しい。

この事件で、軽々しく見逃せない点がある。それは、事件に対する教会の対応から伝わってくる、被害者たちの心の痛みに対する聖職者たちの鈍感さである。司祭たちの性の欲望の対象となってしまう子どもたちや女性たち、そしてその家族が受けた心の傷についての配慮が、教会の指導者たちからは伝わってこないのである。

子どもたちがその心に受けるダメージは深く、その傷から立ち直ることは容易なことではないはずである。その悲しくつらい体験は、鉛の塊のようにいつまでも心の中に残ってしまうし、数十年たった後も夢の中でうなされる者もいれば、フラッシュバックに苦しむ者もおり、人に心を開けなくなったまま生涯を送らざるを得なくなってしまう者もいるはずである。

被害者たちの人生に取り返しのつかない傷を与え、その人生から明るさを奪ってしまったことに対して司教たちは鈍感なのである。そんな教会は、「首に石臼を懸けられて深い海に沈められたほうがましである」とキリストから言われてしまうにちがいない。体面だけを気にして対応する聖職者たちの態度は、キリストが弟子たちに求めたものではない。教会に対する不信を増幅させ、被害者たちをさらなる絶望に追いやるだけである。今、教会全体に求められることは、キリストの心に立った教会の根本的な浄化である。

10　魂の再生

最近、テレビで再放映された「ゴッドファーザー」の映画を見た一人の青年から、「告解」についての問い合わせの電話があった。映画の中で、罪を犯した者が告解所で司祭に罪を告白し、ゆるしを受ける場面を見て、それにどのような意味があるのか、また罪を犯しても司祭に告白すれば、ゆるされるというのは、あまりにも安易すぎないか、という質問だった。

司祭として半世紀近くを生きてきて、わたしも、「安易すぎる」と思えるような告解がまったくなかったと言い切ることはできないが、しかし、大半はそうではない。それぞれ、真剣に、それなりの覚悟をもって、告解所を訪れている。

安易なことではないというのは、「告解」とは、ふだん日常の人とのつき合いの中では決して口には出すことができない、本人の心の奥の奥に抱え込んでしまっている闇を、司祭に打ち開けてしまうことだからである。

司祭も人間である。神の代わりに耳を傾けてくれるといっても、一人の人間に、自らの醜さ、汚さをあらわにすることは、誰にとっても簡単なことではない。たとえ、信頼できる相手と分かっていても戸惑いと心理的な抵抗感はともなうものである。

告解しようとするものは、その戸惑い、抵抗感を抱きながら、自らの弱さ、醜さ、汚さを、司祭にさらけ出しているのである。それは、決して安易なことではない。

さらにまた、それは、過ちを犯しやすい罪深い人間が、厳しく難しい人生の歩みを支えていく役割も果たしていることは、確かである。

人は弱く、いつまでも未熟で、何かのきっかけに、過ちを犯してしまう存在である。軽い過ちや罪ならばまだしも、人を裏切ったり、傷つけたりして、取り返しのつかない重い過ちを犯してしまったりしたときなどは、心の奥には、自責の念を背負うことになる。重い罪を犯して、「自分は、だめな人間だ、酷い人間だ」と否定的な思いを背負いながら生き続けることは、誰にとっても、しんどいことである。自暴自棄になって、酒やギャンブルに逃げてしまう者もいる。

「告解」は、神の前に自らの闇をさらけ出し、ゆるしを願う行為である。神のゆるしは、重い過ちを犯し、自分の中にも社会の中にも、心安らかに身を置くことができなくなった者には、究極の安らぎ、魂の再生になる。実に告解は、重い罪を犯した人間の否定的な闇を和らげ、心の重荷を和らげ、再生への道に人を導いてくれるものなのである。

11　教会と離婚

長年、ローマで司祭として働いていた友人が久しぶりに日本に戻ってきて、フランシスコ教皇が、教会のこれまでの厳しい姿勢を少しでも和らげようと懸命に努力している、といろいろ話してくれた。その一つが、離婚者に対する姿勢である。

これまでの教会は、離婚者に対して厳しかった。たとえば、離婚経験者が、相手を見つけ、挙式を願って教会の扉をたたいても、過去に離婚歴があるということだけで受付窓口で拒まれる。それでもあえて挙式を求め願うときは、過去の結婚の有効・無効が調べられることになる。しかし、思い出したくもない過去の離婚の理由をあれこれほじくりまわされることは、誰にとってもつらいことである。その煩雑な調査に耐えきれなくなって、教会での挙式を諦めてしまう者も少なくない。

こうした厳しさが、人生を再出発したいと願って教会に近づこうとする善意の人々に、教会は近寄りがたい存在であると思わせてしまっていることは否めない。

離婚する人々を、「神の道から外れた」と言って責めることは、簡単なことである。しかし、すべての者が喜んで離婚するわけではないだろう。それぞれ、もんもんと悩み、言い知れぬ苦しみを味わい、将来に対する不安におびえながら決断し、離婚する。その心は、多かれ少なかれ傷を負っている。そんな人々を一方的に断罪することは、酷なことである。

この世界の現実は、複雑で、過酷である。弱く、もろく傷つきやすい人間が、長い人生を一人で生き抜くことは容易なことではない。新しいパートナーとの出会いは希望への道を開く。その門出にあたって、神の祝福を願うカップルも少なくない。

天地創造の初め「人は一人で生きるのはよくない」と判断した神は、男と女を創造し、そんな男女を支えるために教会を創設したはずである。

良きパートナーとの出会いは、人生の最高の賜物であり、神からの恵みである。こうした神の恵みは、一度結婚に失敗した人々にも閉ざされていないはずである。

倫理・道徳が衰退した現代社会に向かって、結婚の神聖さは、これからも訴え続けていくべきだと思う。それは、教会に託された尊い使命である。しかし、また一方、人間の弱さを理解し、挫折した人々に寄り添ってその人生を支えていくことも教会の尊い、怠ってはならない役割である。

教皇フランシスコのチャレンジに、遠くからエールを送りたい思いでいる。

12　フラ・アンジェリコ

わたしの好きなキリスト教絵画の一つに、十五世紀のフラ・アンジェリコの作品がある。

彼の作品には、システィーナ礼拝堂の壁画を描いたミケランジェロの、力を誇示するような、ギラギラした人間臭さはなく、むしろ全体的に色調は穏やかで、柔らかで、優しさと温かさに満ちている。彼の作品を見るだけでホッとする。

わたしが彼の作品に惹《ひ》かれるのは、彼が、生涯、素朴で謙虚な修道者であったことと無関係ではない。その当時の芸術家の多くが、大富豪や高位聖職者の保護を受け、彼らの意向にそった作品をつくり、徐々にその俗っぽさに染まっていった中にあって、彼は、権力にも富にも染まることなく、素朴で謙虚な一介の修道者として生涯を貫いている。そのせいか、彼の作品には、彼が生涯をかけて求め続けた神の温かさ、優しさ、そしてすがすがしさがあふれ出ているように思えるのである。

残念なことに、最近はカトリックの世界でも、俗世間に染まらず、謙虚にコツコツと日々を生きるフラ・アンジェリコのような修道者の姿にお目にかかることが少なくなってしまった。しかし、完全に消滅したわけではない。昔ながらの伝統を受け継いで、社会の営みから離れて素朴にコツコツと生きている修道者たちがいる。

わたしは、そうした修道者たちの生活に触れ、わずかな期間だったが一緒に生活したことがある。そこはフィレンツェの郊外の山中にある人里離れた修道院である。

そこで生活する修道者たちは、社会との接触を完全に絶っている。ラジオ・テレビもなく、外からの情報は皆無。朝、五時に起床、五時半から約二時間の祈り。午前中は作業。夕刻は五時より一時間の祈り。真夜中にも一時間の祈り。各自に個室が与えられており、そこに小さな庭がついている。修道者が一堂に会するときは、食事のときと祈りのときだけである。日中、何をするかは各自の自由だが、何をするにしても孤独と沈黙が求められる。

そこは、厳しい生存競争に明け暮れ、仕事のノルマに追い立てられ、会議や打ち合わせに心身を消耗させながら生きている現代社会とはまったく異なる世界である。

修道者たちは、生活の一こま、一こまを永遠の神の現存のもとに、誠実に、心を込めて生きている。その存在全体が神の優しさ、温かさにつつまれ、彼らの立ち居振る舞いはすがすがしさにあふれている。まさに現代のフラ・アンジェリコを見るような思いである。現代社会の営みに疲れ果てた者の心を和ませる息吹に満ちていた。

13　ルオーのキリスト

わたしの心が鈍感なのか、信仰心が薄いのか、ヨーロッパの教会のあちこちに飾られたり描かれたりしているキリストの姿には、わたしの心はあまり動かない。というのは、そのほとんどが、この残酷な世界の中でもがき悲しむ、痛ましい人々の姿と深く響き合っているようには思えないからである。

たとえば、イコンなどに代表される東方美術では、キリストの神秘を直視し、ひたすらそれを描き出そうと努めていることは伝わってくるが、現実の世界でもがき苦しむ人々の惨めな姿はまったく反映されていない。また十世紀ころから始まるロマネスク様式の建築やその後のゴシック建築が華やかな時代に描かれたキリストも同様である。そこに描かれるキリストの姿は、万物の主宰者として威厳に満ちている。さらにまたルネサンス期になると、ミケランジェロに代表されるような、生命感にあふれる筋骨隆々としたキリストが描かれるようになるが、わたしにはまぶしすぎて、圧倒されてしまう。逆に十七世紀、十八世紀の十字架に磔《はりつけ》られたキリストの苦しみを強調する作品からは、押しつけがましい感情が表に出すぎて、鼻につく。

いずれも、それぞれの時代にゆきわたっていた信仰心に息吹かれて描かれたものなのだろうが、どれも、現実の世界に生きてもがき苦しむ人々の姿とは、隔たりがある。

キリストは、労苦する人、重荷を負う人々に寄り添おうとした存在ではなかったのだろうか。イザヤも、人々の悲しみと苦しみを背負うメシアについて次のように記している。「彼には、わたしたちの目を引くほどの美しさも輝きもなく、楽しめるほどの姿形もない。彼は人から軽蔑され、捨てられた。苦しみになれた人」

苦しむ人々や弱者に寄り添うキリストを描いた作品として、わたしが心から共感できるものは、ルオー（一八七一〜一九五八）の作品である。

彼は、好んで道化師や娼婦など、底辺の人々を題材に取りあげた作品を描いているが、そうした底辺に生きる人々の悲しい姿が、彼が描くキリストの中に映し出されているように、わたしには思えるのである。

それは、彼が、何百万、何千万という人々の人生を狂わせ、そのいのちを奪った第一次、第二次世界大戦の時代を生きた人間であるということと無縁でないように思われる。

悲しみ、苦しむ人とともに歩む、そこにキリストの本質がある。実に長い西欧の歴史の中で描かれたキリストのうち、最も真実に近いキリストを描いたのはルオーではなかったのかとわたしには思えるのである。

14　古都ローマ

古い都といわれる都市や町を訪れるときには、わたしは、ほとんどの場合、修学旅行の学生たちや一般の観光客でにぎわう昼間の時間帯を避けるようにしている。人があまりいない早朝が、昔のままの雰囲気を味わわせてくれるからである。古都であるならば、わたしは洋の東西を問わず、どこにいってもそうしている。日本では特に、奈良の東大寺周辺への朝方のひっそりとした雰囲気が好きである。イタリアのアッシジやシエナの早朝の町のたたずまいは中世そのままであり、都会生活で消耗した心身の疲れをほぐしてくれる。

バチカンのサン・ピエトロ大聖堂も同じである。日中は観光客でいっぱいだが、朝早くその中に入ってみると、人影もまばらで、聖なる威圧感に本当に圧倒されて、さすがにミケランジェロが設計したものだと、驚嘆してしまう。しかし、その静けさにとどまらず、歴史を遡って、その時代を生きた人々に想いを馳せてしまうと、事情が変わってしまう。

いずれの古都も、今は静かでも、その昔に遡ると、そこで人々の生々しい欲望と欲望のぶつかり合い、繰り広げられた激しい権力闘争が浮かびあがってくる。勝者がいれば敗者もいる。多くの人々の血が流されたという生々しい人間の姿が見えてくると、静かな古都の雰囲気に浸っていることが、息苦しくなってくるのである。

その極端な例が、わたしのたびたび訪れたバチカンのサン・ピエトロ大聖堂である。

それ以前の聖堂を建て直し、本格的な改築を決断したのは、ボルジア家出身の悪名高いアレクサンデル六世教皇（在位一四九二〜一五〇三）であり、それを進めたのは好戦的な教皇と言われたユリウス二世（在位一五〇三〜一五一三）である。二人は、権力闘争に明け暮れ、贅《ぜい》の極みを尽くして、宗教者とはとうてい言いがたい生活を送った教皇である。大聖堂は、そんな教皇たちによって、建立されているのである。

無論、そのために莫大《ばくだい》な費用がかかったはずである。その資金集めのための免罪符などという、今から思えばいかがわしいことも堂々と行われたのである。

そんなことを思いめぐらしていくと、大聖堂といわれ、世界各地から信徒たちの巡礼者が訪れる古都の様相は一変し、愚かで醜く、罪深い人間たちの姿が立ち上がってきて、そこにいたたまれなくなってしまうことも事実なのである。

そんな歴史を思い起こしながら、しかし、清濁合わさった歴史の営みを見守りながら、罪深い人間たちをつつみ込む、神の懐の大きさにわたしは圧倒され、わたしは言葉を失い、神の前に頭を垂れるだけになってしまうのである。

第十一章

自分のこと

1　わたしの原点

つい最近、久しぶりに会った高校時代の同級生から、酒に酔ったいきおいで「世間に未練はなかったのか」と改めて迫られたことがある。

カトリック教会の聖職者たちは、生涯独身を誓う。また修道者たちはさらに厳しく、三誓願を立てる。三誓願とは、従順、清貧、貞潔である。清貧は、財産を放棄し、生涯を貧しさのうちに生きること、従順は、自分の意志を放棄し、長上と会則をとおして示される神の意志に従って生きるという誓いである。

このような生き方は、一般の人々にとっては理解しがたいことだろう。事実、わたしの親も、高校卒業後に修道会に入りたいと打ち明けたわたしに、「刑務所みたいなところに入って、何が楽しい」と言って、修道会入りを断念するよう説得を試みたことがある。

それにもかかわらず、この道を選択してしまったのは、幼いころに受けてしまったトラウマによる。そのトラウマとは、第二次世界大戦の終了間際の空襲である。

そのころ、わたしの家族は横浜の伊勢佐木町に住んでいた。おやじが神経質で、港近くは危ないという判断から、安全と思われる場所、つまり中心街から少しでも遠い、横浜の奥へ、奥へと、二、三年の間に数回も引っ越したのである。

そのおかげで、わたしの家は燃えないですんだが、横浜の街全体は、B29が落とす焼夷弾によって焼失してしまった。無論、引っ越すまえに住んでいた家は、すべて焼けてしまった。

大空襲の日、幼かったわたしは、横浜の町全体が燃え上がるようすを、村の奥の丘の上から家族とともに見ていたのである。親戚の家も焼け落ち、着の身着のままの姿で、わたしたちのところに逃げ込んできたときの哀れな姿は、今も心に残っている。

真っ赤に燃え上がる街、そしてまた一晩で廃墟になってしまった街。それを見て、「この世界には何も恒常的なものはない」という思いがわたしの心に焼きついてしまい、それが感じやすい思春期になってからもぞもぞと動き始め、他の仲間たちと同じように、普通の道、つまり、進学、就職、結婚への道に進むことができなくなってしまったのである。

「この世界には、絶対確かなものはない」という不安感が原動力となって、わたしを永遠不滅な神の世界に駆り立てたのである。

洗礼を受けて六十数年。司祭になって五十年を生きてきて、この道を歩んでこれたことを、心から幸せなことだった、と宣言できる。

2　教師との出会い

物心がつき感受性が強くなった思春期、青年期における教育の力は大きい。わたしにとっても、まさにそうであった。もし、中高のときに、カトリック学校に通っていなかったら、今のわたしはあり得なかったと、心の底から断言できる。

わたしが通った学校は、イエズス会の神父たちによって創立されたばかりの中高一貫校であった。創立してからまだ四年、卒業生をまだ出しておらず、地域では海の物とも山の物ともまだまだ評価の定まっていなかった学校だった。

しかし、創立期とあって、神父たちは使命感に燃えており、教師たちも、そんな神父たちの情熱にあおられて、目に見える物質的な世界での幸せがすべてではないという価値観を共有し、学校全体に、神は存在し、神は生きているという思いが浸透していた。そんな雰囲気の中で教育を受けて、わたしは救われたのである。

もし、カトリック学校に出会っていなかったら、わたしは、たとえ、社会に出て、どこかの会社に勤めたとしても、おそらく、職場の仲間とうまく交わることもできず、上司たちからは煙たがられ、周りの仲間からも孤立し、その葛藤から心を病み、今日まで生きてこれなかったのではないか、と思ったりもしている。

わたしがおかしくなったのは、中学三年のころからである。たとえば、ガールフレンドなどとのデートを楽しみ、自慢する友人たちには、「それで、どうなの」と嫌みを言ったり、進学・受験に備えようとしている友人たちに、「大学を受験して何になる？　その先、企業に勤めて何になる？　決まり切った人生を歩んで心は満たされるの？」などと妙な問いを口にして、仲間から煙たがられ、誰からも理解されず、変わり者と見なされて、独りぼっちになってしまっていたのである。

ところが、そんなわたしに目を留め、わたしの不安を真正面から受け止め、支えてくれた教師がいたのである。教師たちの中には、戦場帰りのものもいて、そんな教師たちが、わたしの抱えていた闇を理解してくれたことも、大きな力になった。またどう生きてよいか分からず、ますます心が不安定になって成績も落ち始めたわたしに対して、わたしの心の内まで察知してくれて、「どんなに成績が悪くても落第させないから、安心しなさい」と声をかけてくれた教師もいたのである。

そんな教師たちに支えられ、最後は、個人的に神父の部屋をたたいて導きを願い、その指導のおかげで目に見えない神に確信をもつことができるようになり、心の不安は解消し、神に心をあげながら今日まで歩んできたのである。

神の世界にも心が開かれていた教師たちに出会えたことは、わたしの生涯の最高の恵みであったといえる。

3　下戸

わたしは、まったくの下戸《げこ》である。司祭だから、飲んではいけないということではない。体が受けつけないだけである。そんなわたしが、「この教会では、酒が飲めないと、長く続けることは難しいですよ」と、赴任まえに声をかけられたことがある。

司祭の人事異動が発表されて、新しい任地先の教会に挨拶に行ったときのことである。前任者や教会委員の主だった人たちに一通りの挨拶を終えて、いざ帰ろうとした際、一人の年配の男性信徒がそばに寄ってきて、進言してくれたのである。

赴任してしばらくたってから、「酒を飲めないと、長く続けていけそうもない」という事情がのみ込めた。それは、その教会の責任の一端を担っていた壮年たちの、それまでに歩んできた人生経験によるものであった。その多くが酒を飲んで心を紛らわせなければやりきれないほどの重く、つらい過去を背負っていたのである。

Ａさんは、兵士として召集され、中国大陸に送られ、そこで他の仲間の兵士たちとともに、家屋に火をつけたり、抵抗するものたちのいのちを奪ったりした重い過去を背負っていた。

Ｂさんは、終戦間際に学徒動員を受け、沖縄に送られ、大挙して上陸してくる連合軍の兵士たちを前にして恐怖にとらわれ、逃げようとして海に飛び込んで、かろうじていのちを取り留めたのである。仲間の大半はその戦闘で帰らぬ人になっていた。彼は、自分だけが逃げてしまったという後ろめたさを抱えながら生きてきていたのである。

Ｃさんは、昭和の初め、二人の兄とともに日本に渡ってきて、福岡の炭鉱での労働から始まる日本での生活に、苦労してきた在日韓国人である。周りの日本人からは、ばかにされたり差別されたりなどしたつらい過去があり、その心の奥に日本人に対する深い怒りを蓄えていた。

教会の信徒会館の奥に小さな畳の部屋があり、そこがいつの間にか、日曜の午後の、そうした人たちのたまり場になっていた。そこで、彼らは、家族の中でも決して口に出すことができない、心の奥にため込んでいたものを、互いに吐き出しながら、互いに聞き役になっていたのである。

わたしもその席に何度となく呼ばれたが、下戸のわたしは聞き役に徹した。わたしが長くその教会で勤めることができたのは、彼らの重荷を吸い取るような形で彼らと席をともにしたからだと思っている。もし、一緒に酒を飲んでいたら、わたしは、自分を失ってしまっていたかもしれない。下戸には下戸の役割があるようだ。

4　止まり木

　わたしが司祭に叙階されて人々と向き合うようになってから五十年になるが、最初のころは、「神がいるのかいないのか」とか「何のために人は生きているのか」などという哲学的な問いを抱えてくる人が少なくなかったが、近ごろは、具体的な重荷を背負って教会の門をたたく人が多くなった。

　小学生の我が子が学校でいじめられて学校に行かなくなってしまったとか、四十を超えた息子が出社拒否を始めてすでに二十数年、自分たちが死んだ後、息子の面倒を誰が見るのか、心配で死にきれないと悩む親たちや、二十歳の若さで自らいのちを絶ってしまった娘をそこまで追い込んでしまったのは、自分の所為《せい》だと自らを責め続ける母親とか、持ち寄られる相談は非常に具体的である。

　わたしは、カウンセラーでも精神科医でもソーシャルワーカーでもないから、問題の具体的な解決を提示することはできない。しかし、救われるのは、当初から本人たちが司祭であるわたしのような者からは、具体的な回答を求めていないことである。求めているものは、心の安寧《あんねい》、平和、安らぎである。したがって、そんな人々と向き合うとき、わたしは聞き役に徹し、一人ひとりの心に耳を傾け、そのつらさや悲しさ、苦しさに共感し、ありのまま受容するよう心がけてきた。「こうしたらいい、ああしたらよい」などと言う「べき論」などは極力避け、教義もストレートに持ち出さないように心がけてきた。それは、人の心が癒やされ、力を取り戻していくための最も確かな道は、何よりも心をありのままに開いて共感し合うことにあるという信念からである。

無論、わたしは自分を過信していない。わたしのような者に誰にも打ち明けられないような心の秘密を語ってくれるのは、わたしに対する個人的信頼というよりも、背後でわたしを支えている教会という看板があるからである。

季節によって何千キロと飛ばなければならない渡り鳥には、その途中で疲れを癒やす止まり木が必要であるように、過酷な現実を歩み続けなければならない人々にも、その途上で疲れや傷を癒やす止まり木が必要なはずである。人々の止まり木になる。それが、司祭の役割の一つのように思うのである。

わたしのところに相談にきても、その厳しい人生の旅を歩み続けなければならないのは、あくまでも当人たちである。司祭は、具体的な助けは何一つできないが、その心の疲れや重荷を和らげ、ときほぐす、止まり木のような役割は果たすことができる。

そんな司祭を支えるものは、「労苦する者、重荷を負う者はみな、わたしのもとにきなさい、休ませよう。わたしは、柔和、謙遜な者だから」と宣言したキリストの言葉である。

5　わたしにとっての神

中高時代の同級生に、同窓会の席で、「わたしが、神をどのように捉えているのか」と問い詰められたことがある。同世代の一人の人間として、わたしが神をどのように捉えて、どのように人生と結びつけてきたか、教えてほしいということだったのである。

人によって、神の捉え方はさまざまである。またその人生の歩みによっても神の捉え方は、変わってくるものである。わたしの神の捉え方も、若いときの捉え方とは明らかに変わってきたことは、確かである。

高校二年のとき、洗礼の準備の教えに通っていたころのわたしの心を駆り立てていた神は、この世界を超越した絶対不変の存在としての神である。それは、幼いころに米軍の爆撃によって横浜の街全体が焼失していく、すさまじい情景を目の当たりにしてしまったという体験と無関係ではない。何もかも崩れ、破壊されていくという事実を幼いこころに魂の深いところに刻みつけられてしまって、この世界の中に自分の確かな居場所はないという思いが、強く働いて、絶対的な神、超越した神に憧れたのだろうと思う。

それは、洗礼を受けたときも、静かな祈りのときや機会を必死に求めたことや禅寺などに通って座禅を学び、神との交わりを深めていくために座禅を生かそうとしたことなどに現れていたようにも思われる。

ところが、司祭に叙階され、人々と向き合わざるを得なくなってから、わたしのそれまでの神の捉え方が揺さぶられ、変わり始めたのである。

司祭は、役務上、人と向き合わざるを得ない。人々は、ふだんは外に表すことができない、重く深い悲しみや苦しみを背負って、教会の門をたたく。幼いころから、親の虐待に苦しめられ続けてきた女性もいれば、娘を自殺に追いやってしまった責任は自分にあるのではないかと、もんもんと自分を責め続ける母親や、夫の不倫によって心がずたずたにされてしまった女性など、さまざまである。そうした人々の魂の傷は深く、その背負っている荷は重く、助けて欲しいと必死になって叫びをあげているのである。

そんな人々と誠実に、真摯に向き合おうとすればするほど、そうした人々の悲しみや苦しみ、叫びに共振することとなる。そうなるとわたしの魂は、超越した神への希求よりも、生きることのつらさや難しさ、そして人間の底知れない弱さ、傷つきやすさを、理解し、とがめず、温かく優しくつつみ込んでくれる神への希求に軸足を置くように変わっていったのである。そんな歩みの中に今のわたしがいる。

あとがき

本書は、わたしたち人間の、現代の日本社会に生きることの難しさに焦点をあてて、いろいろな機会に依頼されて寄せた文章を、まとめたものである。

出版するにあたって、正直に申しあげると、わたしの心の奥に拭えない不安があった。その不安というのは、取りあげたテーマが暗く重すぎて、一般の人々には見向きもされないのではないかというものである。というのは、わたしの周りを見渡したとき、多くの人々が、人生をそれほど深刻には考えず、軽やかに生きているようにしか思えないからである。

たとえば、オリンピックが始まれば、新聞もテレビも、オリンピック一色になり、日本の選手がメダルを取れば、アナウンサーは「日本、やりました！」と絶叫し、その場面は連日のように放映され、人々は、日常のストレスやプレッシャーがまったくないかのように、その話題に夢中になっていたり、人気のある歌手たちのコンサート会場などに集まる何千、何万という若者たちは、管理された日常を跳ね飛ばすような勢いで、終始立ちっぱなしで、歌手に合わせて熱狂し、跳ねたり踊ったりしているからである。そんな姿を見ていると、人生は、そんなに深刻に考えなくてもよいのではないだろうか、という錯覚に陥ってしまうからである。

それだけではない。ゴールデンタイムに流される番組のほとんどが、司会者の軽快な「ノリ」に乗せられたタレントたちの、ほとんど中身のない会話のやりとりとジョークで終始する番組であったり、日常の憂さを忘れさせてくれる観光地などへの旅に誘う番組であったりするのである。

その視聴率が高いということは、それで人々が満足しているかのように思えてしまうのである。

さらにまた、コマーシャルタイムに流されるものは、快適な住居や美容、そして健康に効果あるというサプリメントなどに関するものが大半である。それを利用すれば、いつまでも美しく健康で幸せでいられるような錯覚を与えてしまうものである。じわじわと訪れてくる、誰も避けられない老いを迎えたときの厳しい現実を直視した番組は、実に少ない。人生の厳しさ、残酷さに直接向き合うことは、現代人には耐えられないのではないだろうかという印象も受けてしまう。

実に、大半の人々が、深刻に考えることを好まず、軽やかに生きることで、それで良しとしているように思えてしまうのである。
それにもかかわらず、このような書をまとめたのは、複雑な人生の現実に傷ついて、どこにも相談することができず、溺れる者が藁《わら》をもつかむような思いで、わたしのような者に相談に訪れてくる人が後を絶たないからである。そんな人々には、光になるかならないかという不安を抱きながら、それでもいくばくかの光になればという切ない思いから、この書の出版に踏み切った次第である。

二〇一六年十月一日

森　一弘

森　一弘（もり　かずひろ）
1938年生まれ、 神奈川県出身。上智大学文学部哲学科を卒業。1967年ローマでカトリック司祭になり、1985年司教に叙階。2000年まで、東京教区補佐司教を務める。その間、カトリック中央協議会事務局長を兼務。現在は財団法人・真生会館の理事長として、講演活動、執筆活動、黙想指導などに携わる。
　おもな著書に、『人の思いをこえて』、『神のやさしさの中で』、『これからの教会のありようを考える』、『神の発見』（五木寛之＋対談者森　一弘）、『ほんとうのクリスマス』、『あなたにとって神とは？』ほか多数。

人はみな、オンリーワン

だれも幸せになる権利がある

＊

著者：森　一弘

発行所：女子パウロ会

代表：松岡陽子

〒107-0052　東京都港区赤坂8-12-42

Tel.(03)3479-3943　Fax.(03)3479-3944

webサイト http://www.pauline.or.jp/

印刷所：図書印刷株式会社

初版発行：2017年 3 月15日

2 刷発行：2017年12月 8 日

ISBN978-4-7896-0781-0　C0016　NDC194